*Ar an bPeann*

# Ar an bPeann

*Liam Ó Muirthile*

Cois Life Teoranta
Baile Átha Cliath

An chéad chló 2006
© Liam Ó Muirthile

ISBN  1 901176 61 4

Bord na
Leabhar
Gaeilge

Tá Cois Life buíoch de Bhord na Leabhar Gaeilge agus den Chomhairle Ealaíon
as a gcúnamh.


Dearadh clúdaigh: Gobnait Ní Néill
Grianghraf clúdaigh: Mandy Elliott
Clóbhualadh: Betaprint

www.coislife.ie

# Clár

# Réamhrá

Bhí an buille déanach tugtha agam ar mhéarchlár na colúnaíochta i 2003 agus tréimhse chónaitheach á thabhairt agam i bPáras, nuair a d'aimsíos cnuasach de scríbhinní an fhile agus an scríbhneora Jacques Réda, *Les ruines de Paris* (1993; Gallimard). Níor léir dom, go dtí sin, múnla eile de cheann de na príomhchineálacha scríbhneoireachta a chuireas romham a shaothrú sa cholún *An Peann Coitianta*. B'eo duine gur bhraitheas cóngas agus bá iomlán leis an leagan amach ar an saol agus leis an gcur chuige a bhí aige ina chuid aistí.

Meon an mháinneálaí, chathrach agus tuaithe, a bhuaileann amach de shiúl na gcos, fear mór *jazz,* agus a chuid léargas á nochtadh trí ghníomh na scríbhneoireachta féin mar a dheineann an dán liriciúil – is é sin gurb é gníomh na scríbhneoireachta féin a nochtann an léargas. Ardfhile é agus bhí sé féin, leis, éirithe tuirseach den dán liriciúil, de réir dealraimh, agus a shúil agus a chluas dírithe aige ar thírdhreach eile. Ní mór don dán liriciúil a léargas a thuilleamh trí gach siolla, mar a dheineann mar shampla, 'Fiabhras' an Ríordánaigh, agus níor léir dom féin ag tráth áirithe conas ab fhéidir próiseas úd an tuillimh a chur faoi lán seoil san fhoirm liriciúil. Ba ghá foirmeacha eile a thabhairt chun cinn, síneadh a bhaint as an líne, as cineál an fhriotail féin, an rud a bhriseadh chun é a chur le chéile ar shlí nua.

Scaoileann scríbhinní Réda solas isteach ó spéirdhreach a ligeann don léitheoir gnéithe na hailtireachta a fheiscint – nó an *detritus* saolta, go minic – agus an solas á chur as a riocht glé le linn dó gabháil tríd, seachas léargas an tsolais amháin. Cuimhním ar an aird a thugann sé ar na brobhanna suaracha féir ag gobadh aníos idir leacacha sráide taobh leis an Panthéon in aiste amháin agus é ag trácht ar dhealbh Rousseau chomh maith le nithe eile. Chuas féin á lorg lá. D'aimsíos Rousseau gan aon dua. Bhí na brobhanna ann chomh suarach agus ba mhaith leat iad, ach iad chomh glé sa phíosa scríbhneoireachta go ndearbhaítear duit gur fiú bheith ag scríobh. Sin cuid mhór de ghnó na scríbhneoireachta ar deireadh thiar, an rud atá suarach a dhéanamh glé. Ardaíonn scríbhneoireacht Réda ó thalamh tú i mbabhtaí, agus gheibheann tú amach go bhfuil tú gafa i líontán iomlán meoin ar geall le dord tionlacan ceoil lena chois é.

Spéis dhiamhair agam féin riamh anall i gcumas seo teanga 'chun an bheart a dhéanamh' pé beart é, mo phríomhspreagadh féin. Dúil chomh maith i dtaobh na meicníochta de theanga, is é sin, na mionchlocha agus na spallaí seachas na clocha móra amháin, féachaint cén tógaint ab fhéidir a chur i gcrích. Taobh na saoirseachta agus na ceardaíochta ionam féin é sin ar brainse amháin é den intleacht. Múineadh dom féin tráth gur namhaid ab ea an intleacht don léargas glé, agus chaitheas m'aistear féin a dhéanamh trí dhriseacha na tuisceana sin. Naomh Pól a chuidigh liom ina chuid litreacha nuair a chanann sé féin leis an intleacht. Thuigeas ina dhiaidh sin go ngéaraíonn an intleacht ar an léargas ach í a chur ag freastal le humhlaíocht air. Tá gaol ag gníomh sin na humhlaíochta le guí, le hurnaí croí.

Ceann de na múnlaí scríbhneoireachta is mó a bhain preab asamsa riamh, agus mé i mo mhac léinn, ná *Allagar na hInise*. Seaneagrán an tSeabhaic féin lá sa leabharlann, sholáthraigh sé dom fráma tagartha a bhíos a lorg: freastal le hacmhainní teanga ar an lá gléigeal. Dhearbhaigh Seán Criomhthainn ina dhiaidh sin dom fráma úd an lae lena *Lá dár Saol*. Sa chaint dúinn ab ea é sin, tráthnóna Domhnaigh i mBaile na nGall nuair a bhí ciall ag daoine eile agus iad imithe ag éisteacht le tráchtaireacht ar chluiche.

Is í an Ghaeilge féin is mó a thug múnlaí liteartha riamh domsa, idir theanga agus litríocht scríofa agus bhéil. Fadó, nuair a léas *The Lonely Voice* le Frank O'Connor, thugas faoi scata gearrscéalta a léamh agus teacht suas leis na heasnaimh a bhraitheas ar mo chuid léitheoireachta féin. Fuaireas amach nár scéalaí mé den chineál ba ghá chun gearrscéalta a dhéanamh mar a mheasas ag an am. Ina theannta sin, pé stuacacht a bhain liom, ba chuimhin liom go ndúirt sé gurbh fhéidir an ghearrscéalaíocht a fhoghlaim agus ba mhian liom go dtiocfadh pé mianach a bhí ionam féin as ball neamh-infhoghlamtha. Ní mór iad na leabhair a bhí sa tigh agus sinn ag fás aníos, tigh seanchais is mó a bhí ann, agus is leabhair Ghaeilge is túisce ar fad a léas féin in aois m'aon bhliain déag – *An Tíogar Daonna, Maidhc Bleachtaire, Jimín,* agus a leithéidí. Dá fheabhas iad tráth chun teanga a shealbhú, níorbh aon chabhair iad mar shamplaí liteartha. Thugas faoi Dickens a léamh ródhéanach, ach chuaigh díom. Aistear fada isteach i dteanga agus i dteangacha mo scéalsa ar shlí an-simplí gan múnlaí liteartha a bhac.

Fuaireas amach, sna déaga dom, gurbh fhéidir buille a thabhairt ar an nGaeilge agus tuilleamh éigin a dhéanamh uirthi. Cara dom, saghas pátrúin óige, ab ea Walter McGrath, nó Uaitéar MacCraith, ó aois mo thrí bliana déag ar aghaidh. Ba chara do mhórán againn é agus spreag sé ár spéis i gcúrsaí staire go háirithe. Le Walter a chonac mo chéad dráma in Amharclann na Mainistreach i mBaile Átha Cliath. De thoradh roinnt oibre a dheineas dó ag aistriú aistí staire ar na Fíníní, tráth a gcomórtha i 1967, a thuilleas mo chéad phinginí riamh ar obair scríbhneoireachta. Cheannaíos foclóir De Bhaldraithe a bhí chomh húr le lá sa Bhealtaine ag an am, leis an airgead. Thug Walter McGrath seanchlóscríobhán mar bhronntanas dom, na heochracha chomh snoite le clairinéad gléasta i mo shúilese. Luíodar taobh le taobh ar mo dheasc i mo sheomra leapan, taobh leis an raidió a n-éistínn le Radio Luxembourg air. B'ait na páirtithe seomra leapan iad sna Seascaidí déanacha ach níor bhréagnaigh aon cheann acu a chéile.

San Ollscoil ba é colún Shathairn Sheáin Uí Ríordáin ar an *Irish Times* an blúire scríbhneoireachta Gaeilge is mó go mbínn ag tnúth leis go seasta. Bhraithfeá poll sa lá nach mbeadh sé ann. Duine beo i sráideanna na cathrach ab ea é féin, file a raibh 'an dá arm aigne' aige, filíocht agus prós. Dhearbhaigh an Ríordánach agus an Riadach ar an gcampas ollscoile, chomh maith leis an teagasc bunaithe i Roinn na Gaeilge go háirithe, gurbh fhéidir an Ghaeltacht a thabhairt chun na cathrach, nó friotal comhaimseartha a bhí bunaithe go dílis ar phobal teanga na Gaeltachta a chur ina bheatha i saol cathrach. Bhí an chathair tugtha chun na Gaeltachta ag cuid againn cheana féin, agus á chur san áireamh gur ó chúlra tuaithe agus ceardaíochta a thánag féin, saghas iomlánú breise ab ea an Ghaeltacht ar an gcúlra sin. Bhíodh an *Top Ten* ar siúl ar Raidió Éireann sna 1960í luatha, agus bhíos ag rince an *Twist* le Chubby Checker ar urlár cistine in Ard na Caithne i gCorca Dhuibhne tráthnóna, nuair a d'oscail bean an tí doras na cúlchistine. Stadas ar an bpointe. Lean an ceol ar an raidió, agus d'iarr sí orm leanúint orm go gcífeadh sí an rince nua. Lasas le náire agus ní dhéanfainn seó díom féin. 'Is dócha ná cífead go deo mar sin é,' a dúirt sí agus dhruid an doras.

Níos deireanaí, agus mé tosaithe ag obair mar thuairisceoir raidió, is cuimhin liom bualadh leis an Ríordánach maidin i gcathair Chorcaí chun agallamh a chur air. Pé acu ar dheineamar taifeadadh air, nó nár dhein, phléamar an cholúnaíocht agus an fhilíocht. 'An dánta nár tháinig cuid de na colúin?' a d'fhiafraíos de. Bhaineas siar as, ach d'fhreagair sé leis an mbeachtaíocht sin ba dhual don té a thugadh tamallacha fada ag scríobh go príobháideach. Is é a thuigeas féin uaidh, nó ab áil liom féin a thuiscint, go gcaithfeá bheith sásta le colún nó le dán, pé acu ceann a thiocfadh. Phléamar colúnaíocht Bhreandáin Uí Eithir leis, agus dúirt an Ríordánach gurb é an bua a bhí ag Breandán ná go raibh aithne aige 'ar gach éinne'. Ní bheadh a fhios agat ar ndóigh, ar mholadh nó cháineadh an méid sin. Dhírigh sé a fhíoch orm féin ina dhiaidh sin nuair a thugas le tuiscint go místuama nach raibh aon fhilíocht ag an gCadhnach. Thuigeas ina dhiaidh sin go mbuaileann an prós eochair na filíochta an uair is fearr a bhíonn sé, chomh maith céanna leis an dán, mar a dheineann Tomás Ó Criomhthain agus James Joyce.

Siúd is go raibh obair faighte agam mar iriseoir, de thoradh na cainte agus an ghutha, thuigeas go rímhaith nach raibh dintiúirí mo cheirde agam agus dhíríos ar phost mar iriseoir i seomra na nuachta in RTÉ. Arís eile, thánag faoi anáil na gcainteoirí dúchais, den chuid is mó ar fad, a chuaigh le gairm na craoltóireachta sular bunaíodh Raidió na Gaeltachta. Iarmhúinteoirí bunscoile a fuair oiliúint sna Coláistí Ullmhúcháin, agus fo-eagarthóirí le *Scéala Éireann* agus *Inniu*. I súile chuid acu, bhain mo leithéidse le glúin na *hippies* agus rac 'n ról ach chaitheadar glacadh leis an bhfocal ról murar chuaigh aon duine acu ag racáil ina dhiaidh sin.

Obair cheártan ab ea seomra na nuachta agus cuid de na gaibhne ab oilte sa tír ag an am ag obair inti. Maidir le gné na Gaeilge de, tá an obair sin glactha ar láimh ó shin ag iriseoirí Raidió na Gaeltachta, agus ag TG4 níos deireanaí. Den chéad uair, i dtús na 1970í, bhí rogha ag cainteoirí dúchais go háirithe, oibriú ina dteanga féin in institiúid a bunaíodh chun freastal ar a bpobal féin. Bhí, ar deireadh thiar, an nasc úd nár snaidhmeadh leis an bpobal aimsir Athbheochana thús an Fichiú hAois á dhéanamh i dtreo deireadh na hAoise céanna. Thuigeas féin ag an am go rabhthas ar thairseach ré nua craoltóireachta agus cé go raibh an rogha ann dul ag obair le Raidió na Gaeltachta d'fhanas féin le seirbhís RTÉ. D'fhoghlaimíos toisí an fhocail a chur in oiriúint don chaint agus don fhráma scannáin ina dhiaidh sin. 'Athscrí' a bhreacfadh Príomh-Fho-Eagarthóir Nuachta an raidió, Liam Budhlaeir, ag bun an leathanaigh ar do bhlúire de scéal, é i mbun ranga i gcónaí, agus d'fhoghlaimeofá conas cóip ghlan, chruinn a sholáthar pé scéal é. Bhíos fós ag leanúint na conaireach, is é sin, an focal líofa a chur faoi chulaith an fhocail scríofa mar a rianfadh an táilliúir fadó toisí do ghéag ar éadach. Tá claochlú iomlán déanta ag Raidió na Gaeltachta go háirithe, agus ag TG4 ar shlite eile, ar na tuiscintí sin agus an forlámhas tugtha ar ais don fhocal líofa. Bhí an t-achar craoltóireachta laethúil ar an aer ag seomra na nuachta teoranta, agus bunús na seirbhíse féin, mar a bhí formhór na craoltóireachta fiú an uair sin féin, fréamhaithe go docht san fhocal scríofa. Tá an bhéim anois ar ndóigh, ar an am beo ar an aer.

I dtreo dheireadh na tréimhse sin agam i seomra na nuachta, a thosaíos ar an gcolúnaíocht ar an *Irish Times*. Caoilfhionn Nic Pháidín a d'iarr orm i dtosach báire i 1986 roinnt colún a scríobh di agus í féin ag obair mar eagarthóir Gaeilge páirtaimseartha don *Irish Times*. Dhealraigh scil na colúnaíochta réasúnta simplí, líon áirithe focal ar leathanach áirithe nuachtáin. Nuair a d'iarr Breandán Ó hEithir orm sealaíocht a dhéanamh air, agus é féin ag sroichint deireadh ré a chuid colúnaíochta féin, ghlacas an deis. Tharla gur cailleadh Breandán go hantráthúil i 1990 agus leanas orm ag scríobh don *Irish Times* tar éis bháis dó. Bhíos go mór faoi chomaoin aige.

Colúnaí clóis a thugadh Breandán air féin, agus bhíodh sé amuigh. Níorbh aon fhear clóis mé féin agus tuigeadh dom go mba ghá a bheith ag síorsholáthar ábhair do cholún ar bith. Tar éis an tsaoil, bíonn léitheoirí ag nuachtán agus tá seans éigin go mbainfidh colún líon léitheoirí amach agus iad chomh scaipthe le ciorclaíocht an nuachtáin féin. Is sásamh ar leith é a thuiscint go bhfuil léitheoirí ag blúire scríbhneoireachta agus go gcuirtear é sin in iúl trí theileacs mar a bhí, trí litir fhánach a fháil, nó ar na meáin leictreonacha go deireanach. Thuigeas féin ó mhuintir an *Irish Times* go raibh suas le 7,000 léitheoir ag colúin Ghaeilge an nuachtáin an uair is fearr a bhíodar. Ní beag sin, agus líon saorálach léitheoirí Gaeilge a chur san áireamh, iad tite go dtí na céadta beaga i gcás na litríochta i gcaitheamh na tréimhse go rabhas féin ag plé le scríbhneoireacht nuachtáin.

Thaitin an teideal a bhí ag Cathal Ó Háinle ar chnuasach aistí dá chuid féin, *Promhadh Pinn*, riamh liom agus tuigeadh dom gur promhadh leanúnach pinn ab ea an cholúnaíocht. Ón uair gur beag spéis a bhí agam i mbiadán an bhaile mhóir a dtugtar ardchathair air, ba ghá dom féin téacsanna liteartha a léamh as an nua nó a athléamh go minic, féachaint cén leas a d'fhéadfainn a bhaint astu mar bhunús colúnaíochta. Má thosaíos amach ag plé le cúrsaí reatha agus polaitíochta, ba ghearr gur chuir na téacsanna liteartha i dtreo eile ar fad mé. Thaitin *Pairlement Chloinne Tomáis* riamh liom ón uair a thug an Ríordánach léacht ar an téacs sin oíche san ollscoil. Tráth a bhí eagarthóirí nuachtán sceimhlithe ag an dlí agus clúmhilleadh, ba mhór an cúnamh aor-gan-ainm na Gaeilge chun seanmhúnlaí a chur i bhfeisteas comhaimseartha. A rá is go n-aithneodh léitheoirí na carachtair a bheadh i gceist ach iad a thagairt do na bunmhúnlaí liteartha ar díobh iad. Ní móide gurbh fhéidir a leithéid a dhéanamh anois. D'imeoidís ó aithint.

Cé nach raibh aon chinsireacht reachtúil i réim sna nuachtáin, mar a bhí in RTÉ faoi Alt 31 den Acht Craolacháin, glacadh cuid mhaith le cleachtas na cinsireachta maidir le cead cainte a thabhairt do mhuintir Shinn Féin agus do réimsí fairsinge den phobal i dTuaisceart Éireann dá réir.

Bhíodh sé sa cheann riamh ag Breandán nach mairfeadh a chuid colúnaíochta, agus go mba ghá 'an saothar mór' a chur amach chun go mbeadh buanchló ar an obair scríbhneoireachta. Tuigeadh dom féin tar éis achair ghairid, go bhféadfadh an colún féin seasamh ar a bhoinn féin. Gur rud eile ar fad, nach raibh ach gaol i bhfad amach aige leis an gcolúnaíocht, ab ea an saothar fuinte liteartha. Ag léamh dialanna an Ríordánaigh, mar shampla, samhradh fada amháin, thuigeas an gor fada a dhein dánta áirithe dá chuid féin, blianta i gcásanna áirithe. Chreideas féin tráth go raibh a leithéid de rud ann agus 'teanga mhothálach', is é sin, teanga a d'iompródh iomlán na ndathanna brí agus scáileanna tuisceana a d'fhreastalódh ar riachtanais mhothálacha i gcás na filíochta. Chaithfí saol teanga a chruthú ar an leathanach bán agus b'fhéidir nach mairfeadh ach siolla den leathanach nó fiú nach mairfeadh aon chuid de faoi chló na filíochta, cuirim i gcás. Is mó atá an claonadh anois ionam a chreidiúint go gcruthaíonn an teanga mhothálach í féin i mbun gníomh na scríbhneoireachta ach scaoileadh léi, pé acu filíocht nó prós a bhíonn i gceist. Ar aon chuma, ní fiú tráithnín dár gcuid fuinnimh a chur amú ar deireadh á mheas go dtiocfadh oiread is siolla slán d'aon rud beo dá gcuirfimis ar phár. Ní fúinne atá.

D'fhás mo chuid spéiseanna féin i gcaitheamh na tréimhse go rabhas ag gabháil de *An Peann Coitianta*. Bhuaileas féin amach, agus tháinig rudaí a bhí riamh ann aníos ionam chun solais. An t-aistear ba mhó agus ab achrannaí riamh a dheineas ná bualadh amach as mo cheann féin. D'athmhúscail mo dhúil i gcúrsaí iomána ar geall le sruthchúrsa fola de mo chuid iad. Thaistealaíos. Chuas ag seoltóireacht. Shiúlaíos na sléibhte. Léas. Thumas breis i gcúrsaí teanga. Bhraitheas bunghnéithe den teanga úd a chuireas romham a ghabháil ag titim as a chéile faoi dhíon an tí agus faoi dhíon an tsaoil. B'éigean dom athmhachnamh ó bhonn a dhéanamh ar an earra neamhchoitianta sin a dtugaimid litríocht uirthi. D'athraigh cúinsí mo shaoil féin. Tháinig athruithe chun cinn i dteicneolaíocht na scríbhneoireachta agus i dtarchur an fhocail scríofa. An colún ar thosaigh mé amach á ghreanadh ar eochracha clóscríobháin agus á sheachadadh ar bhus 46A isteach i lámh eagarthóra, nó á sheoladh ar an bhfaics ó ionad tionsclaíochta in Iarthar Chorcaí, bhí sé á tharchur anois go leictreonach. Bhí na hathruithe seo feicthe agam roimhe sin i saol na craoltóireachta.

D'athraigh cúrsaí inmheánacha an *Irish Times* féin. An colún a thosaigh amach ar leathanach na n-ealaíon, agus cosa faoi maidir le líon focal agus seasamh sa nuachtán, chúngaigh agus chúlaigh. Ní féidir an colún liteartha go háirithe a shaothrú ar chiumhais leathanaigh nuachta ná ar leathanach na haimsire. Ina theannta sin, bhraitheas go raibh na léitheoirí agam féin ag dul san aois chomh maith le duine. An uair is measa ag an gcolúnaí é ná an cnaipe 'Uirlisí' a bhualadh agus líon na bhfocal a thomhas gach re alt. Sin é an uair is ceart éirí as. Tá an colúnaí seachtrach ag brath an-mhór ar ghréasán tacaíochta laistigh den nuachtán, agus ar chomhthéacs na hoibre féin istigh a bheith ag fás ar chuma éigin. Creidim féin go bhfuil an comhthéacs sin imithe ar gcúl go mór, ní hamháin go náisiúnta i nuachtán ar chuma an *Irish Times* ach in irisí liteartha agus tráchtaireachta, agus go bhfuil léas buan na seilbhe an athuair ag na meáin leictreonacha. Is é sin ag an seanchas béil, i bhfocail eile. Tá idir chúiseanna staire agus eile leis sin.

Is féidir gnéithe den cholúnaíocht a ríomh i bhfad siar i stair nualitríocht na Gaeilge, go dtí *Irisleabhar na Gaedhilge*, agus *Fáinne an Lae*, *An Claidheamh Soluis* agus colúin Ghaeilge a bhíodh go fairsing sa phreas réigiúnda. Roimhe sin féin bhí Dáibhí de Barra agus a thuairisc lámhscríbhinne ar chath na ndeachuithe ar thráigh Rosa Móire. Saghas próta-iriseoireachta faoi ghlas i lámhscríbhinn nárbh fhéidir leis bláthú is ea tuairisc de Barra, é ag brath ar mhúnlaí scéalaíochta a thuigfeadh a chuid éisteoirí agus léitheoirí dá mbeidís ann. Dob fhéidir a áiteamh nár cheangail lucht na hAthbheochana na nascanna dlútha sin ba ghá idir tuiscintí comhaimseartha ar an litríocht agus an litríocht bhéil, ná leis na múnlaí seanbhunaithe pobail, chun go dtiocfadh litríocht úrnua chomhaimseartha a mbeadh léamh agus freastal fairsing uirthi chun cinn. Thuigfí dóibh, leis, agus deabhadh orthu chun earra faoi bhrat náisiúnta a chur ar an margadh tráth a bhí an tír á bodhradh ag Victoria. Má scrúdaítear na patrúin léitheoireachta a bhí ag na nuachtáin agus ag na hirisí Athbheochana, chífear go raibh dlúthcheangal idir litríocht na lámhscríbhinní agus an scéalaíocht agus seanchas béil a cothaíodh i gcaitheamh na gcianta agus na glúnta nua léitheoirí a tháinig chun cinn faoi scáth na hAthbheochana. Bhí na léitheoirí sin teoranta riamh do dhúichí áirithe, Cúige Mumhan go láidir mar shampla agus laistigh de Chúige Mumhan féin, mórdhúiche Chorcaí. Cuir leis sin luachanna cúnga a bhualadh anuas ar an mbunsraith a bhí ann ar an talamh, agus is geall le frithchaitheamh dúbailte atá i gceist. Is é sin, gur tuigeadh gur earra seanchaite ab ea an t-ábhar dúchasach nárbh fhéidir cor nua a chur ann agus go gcaithfeadh an t-ábhar nua teacht as foirmeacha 'nua' na haimsire – an gearrscéal, an t-úrscéal, an dán nua-aimseartha. Cuid mhór den ábhar 'nua-aimseartha', ní raibh ann ach lomaithris ar litríocht a bhí seanchaite í féin. Bhí an t-ábhar dúchasach á mheas, dá bhrí sin, de réir toisí nár oir dó, bréidín á thomhas de réir an tsíoda nua. A rá is go raibh síoda riamh ann á chaitheamh mar chóta faoin mbréidín i gan fhios.

Is é an t-iontas gur mhair tuiscintí úd na hAthbheochana chomh fada leis na 1970í ar a dhéanaí. Pé rud a baineadh amach, baineadh amach é. Roinnt gearrscéalta, úrscéalta, agus filíochta, chomh maith le haistriúcháin áirithe ar shaothair idirnáisiúnta liteartha. Ina theannta sin saothraíodh an teanga sna meáin chlóite, agus ar raidió agus ar theilifís ina dhiaidh sin, ar shlite nár deineadh riamh i stair na Gaeilge ach amháin le hais an tinteáin, sna botháin scóir agus sna tithe áirneáin agus scoraíochta. Is amhlaidh atá an roth casta go hiomlán ó shin, agus sinn ar ais ag staid an tseanchais agus na scéalaíochta béil agus físe. Creidim féin go láidir gur chóir tosú as an nua an athuair i gcás na Gaeilge agus í a theagasc ag brath ar shaoráidí físe agus cluaise, agus glacadh léi mar theanga bhéil go huile is go hiomlán geall leis. Measaim gur mó a bhaineann litríocht na Gaeilge, a mhéid atá ann di, le litríocht i gcoitinne idir Bhéarla agus Ghaeilge. Creidim i gcónaí go bhfuil *point de vue* le tairiscint trí mheán na Gaeilge, mura mbeadh ann ach claonadh eile i leith an tsaoil. An saol mion, nach ionann é agus mionsaol, a láimhseáladh go healaíonta riamh sa traidisiún Gaelach. Ní gá ach cuimhneamh ar *Chaillech Bérre* agus ar an achainí: 'It moíni charthar lib, nidat doíni'. Is tréith an-luachmhar fós í seo, tráth atá luachanna 'domhanda' ag scuabadh na litríochta chun siúil ina raic.

Pé scéal aige sin é, ní chuidíonn an stair inti féin leis an gcolúnaí i mbun ceirde cé gur féidir leas a bhaint as aon ní a thiteann sa líon chun colún a dhéanamh as. Uaireanta ní bhíonn le déanamh ach éisteacht leis an méid atá le rá ag an gcolún féin leat, sa tslí chéanna go dtosaíonn teanga á scríobh féin ag tráth áirithe in aon obair chruthaitheach. Chuireas spéis riamh sa *New Journalism* agus i ngnéithe den scríbhneoireacht a tháinig chun cinn faoi scáth *Rolling Stone* tráth dá raibh. Ba dhual don té a tháinig aníos trí ghlúnta rac 'n ról a leithéid. Fuaireas an-bhlas ar Richard Brautigan ag an am leis, ach n'fheadar an léitear níos mó é. Tá an tuairim ann, leis, gur fosheánra de chuid na litríochta í an cholúnaíocht, céim laistíos den mhórobair chruthaitheach. Chuirfí a leithéid i leith Bhriain Uí Nualláin mar shampla, a d'fhágfadh nár tháinig an mianach a bhí ann chun foirfeachta. Ní foláir, i mo thuairimse, cuimhneamh sa chás seo ar an scríbhneoir idir-dhá-theanga agus an saothrú leanúnach is gá a dhéanamh chun nach mbeadh teanga seachas a chéile ar leathscamhóg. Is fiú cuimhneamh ar an Ríordánach go háirithe, maidir leis seo.

I gcaitheamh mo thréimhse féin i mbun colúnaíochta, is ag gluaiseacht i dtreo na cruthaitheachta a bhíos riamh, agus is mór é mo bhuíochas gur fhoighnigh daoine liom. Gheibheann tú tuiscint tar éis tamaill ar an gcineál léitheora atá agat, agus bunaíonn tú caidreamh sa tslí sin. Ba é dualgas an scríbhneora riamh é a chuid léitheoirí a oiliúint chun an obair a léamh. Sa tslí sin, mar shampla, a thuig An tAthair Peadar cé a bhí aige le *Séadna*, a cuireadh i gcló ar leathanaigh an *Cork Examiner* agus an *Irish Independent*, nó a thuill Pádhraic Ó Conaire pinginí ar *M'Asal Beag Dubh*, nó faoi deara cuid mhaith den struchtúr atá in *Cré na Cille* a chonaic solas an lae den chéad uair i *Scéala Éireann*. Ar deireadh thiar, sóp is ea *Séadna* ar chuma *Ros na Rún*. Is i bhfoirm leabhair a léas féin *Caiscín*, cnuasach aistí an Chadhnaigh a foilsíodh den chéad uair mar cholúin ar an *Irish Times*. Dréachtaí fíorspéisiúla iontu féin iad, dar liom, ach fuaraíonn siad ar an leathanach mar a théachtann bagún rósta ar an bpláta. Scríbhneoir mór mar é, is fiú aon chuid dá shaothar a léamh má chuirtear lenár dtuiscint ar a shaothar iomlán.

Ach is minic a fhágann an scríbhneoir a chuid léitheoirí ina dhiaidh má tá sé féin ag fás. I gcás an Chadhnaigh, níl a fhios agam an ag filleadh ar a chuid léitheoirí a bhí sé tar éis *Cré na Cille*, lena chuid colúnaíochta, nó ag brath roimhe go dtí go dtosódh sé ar na *Sraith*eanna. Is féidir liom féin rianta dánta, nó an obair shluaisteála is gá don chartadh filíochta, a fheiscint i gcuid de mo cholúin féin ach is mó is spéis phríobháideach a leithéid sin anois ná aon ní eile. I gcásanna eile, bhí stíleanna tráchtaireachta á n-aclú dom féin agam féachaint cén síneadh ab fhéidir a bhaint astu, ach níl de thábhacht leo sin ar deireadh ach i saothar liteartha críochnúil.

Slat tomhais amháin a bhí agam agus mé ag féachaint trí na colúin seo an athuair ná, ar bhaineas taitneamh as iad a léamh. Murar bhain, chaitheas uaim iad. D'fhág sin gur caitheadh mórán amach ar an gcarn aoiligh. Tón, nó guth éigin a baineadh amach is mó ar fad a luigh i mo chluais. Dheineas athscríobh ar chuid mhaith den ábhar, ag baint laigí as abairtí, á gcoigeartú, á n-iomlánú. Táim leathmhórálach fós as cuid acu. Na colúin a d'oscail amach faoi bhráid an tsaoil, nuair a bhog mo mheon righin féin amach ábhairín, is mó a thaitníonn anois liom. Tá áthas orm go raibh sé de mhisneach agam féin cuid den taifead a dhéanamh ar theacht chun cinn an chrióil i gcaitheamh mo thréimhse féin i mbun colúnaíochta. Leanas cuair na teanga riamh, pé áit a thugadar mé. Ní hí an teanga ársa amháin í ach teanga bhuillí an chroí nach bhféadfainn a bhréagnú ionam féin go deo ainneoin a mbíodh d'olc orm chuici in amanna agus a chuireadh éirí croí orm tar éis an taom a chur díom.

Thiar i 1989 a thosaigh an colún *An Peann Coitianta* ar an *Irish Times*. Baineann na colúin sa chnuasach seo *Ar an bPeann* leis an tréimhse (1997-2003). Bhí sé lán ar intinn agam an turas seo, cnuasach cuimsitheach den chuid ab fhearr díobh ó thús aimsire a chur le chéile. Fuaireas amach agus mé á roghnú gur ballasta róthrom ar fad iad, cuma cén rogha a dhéanfainn, agus gurbh fhearrde an cnuasach seo cinn a foilsíodh cheana i leabhar a fhágaint ar lár. Tá *An Peann Coitianta* a d'fhoilsigh Comhar (1991), as cló anois agus is gearr eile a bheidh fáil ar *An Peann Coitianta 2 (1992 –1997)* a d'fhoilsigh Cois Life (1997).

Fágann an rogha seo *Ar an bPeann* go maireann colún as gach sé cinn a foilsíodh ar an *Irish Times*. Tharlódh go ndéanfaí rogha eile ar fad díobh, ag brath ar na cúinsí roghnaithe. Má tá locht fós orthu, is ar an tsúil a roghnaigh iad atá cuid mhaith de sin.

# Baile an Áir

Ceann de shráidbhailte tuaithe réigiún lár tíre Limousin na Fraince é, falla cosanta timpeall air agus é ag luí ar ard le hais chuar na habhann. Sheolfadh tiománaí thairis ar an mbóthar ó thuaidh gan aon aird puinn a thabhairt ar an bhfógra Oradour-sur-Glane – *Le village des martyrs*.

Tá an baile coimeádta mar a scrios reisimint SS *Der Führer* é i mí an Mheithimh 1944. Cloch ar chloch, carn ar charn, fothrach ar fhothrach, seancharr ar sheancharr ag meirgiú i ngaráiste ó na 1940í. Ar fhéachaint isteach i bhfothraigh na dtithe príobháideacha, meaisíní fuála ar a ngogaide. Ceann i ngach tigh ag crochadh fáithime ar an ngaoth. Oigheann an bháicéara M. Compain agus na doirse greadta de na hinsí. Scálaí shiopa an bhúistéara M. Fauve ag meá an aeir. Pram linbh i mbaclainn chré.

Ba é an deichiú lá de Mheitheamh 1944 lá dáilithe an tobac aimsir an chogaidh. Nuacht mhór an bhaile inniu na comhghuaillithe a bheith tagtha i dtír ar chósta Normandie. Ba ghearr go mbeadh an cogadh thart agus iad tagtha slán gan cháim. Na leanaí, breis is 140 acu, ar scoil.

Trí scoil ar an mbaile, ceann breise acu do 40 leanbh ar dhíbir na Gearmánaigh as a dtithe iad i gceantar na Moselle. Dídeannaigh chogaidh ab ea iad i gceantar sábháilte. Cór scoile le clos ag cleachtadh trí fhuinneoga oscailte, agus beirt sheanfhear stoptha sa tsráid ag éisteacht leis na guthanna ag scairdeadh *À la claire fontaine*. Roinnt cáblaí cumarsáide gearrtha agus crainn leagtha ag an *résistance* chun moill a chur ar ghluaiseacht na saighdiúirí ó thuaidh.

Mná sna tithe den chuid is mó, ach cuid acu san óstán, i siopa an bhúistéara, sa bhácús, sna siopaí.

Bhain glór neamhghnách na leath-traiceanna agus na leoraithe troma geit as an mbaile ciúin. Leanaí na scoile is deireanaí a chuala iad. An tríú complacht den reisimint a bhí ar an mbealach ó thuaidh go dtí an fronta i Normandie. An Maor Dickmann i gceannas. Alsáisigh den chuid is mó. Saighdiúir díobh, cara pearsanta do dhuine de na hoifigigh, ina ghiall ag an *résistance* daichead míle ó dheas. Dhaingnigh siad an baile. Fonn fola orthu. Bhí cúnamh acu ó cheathrar *milice* Francach san obair.

Nuair a ordaíodh do mhuintir an bhaile cruinniú ar Fhaiche an Aonaigh ní raibh aon chorrbhuais orthu. Cártaí aitheantais á seiceáil. Thug na múinteoirí na leanaí as na scoileanna. Chuadar go dtína máithreacha. Cuireadh na mná agus na leanaí in aon ghrúpa amháin, fir agus ógánaigh sa ghrúpa eile.

Tugadh na mná agus na leanaí chun siúil go dtí an séipéal. Roinneadh na fir i sé ghrúpa. Tugadh cuid acu go dtí na sciobóil, a thuilleadh acu ar fud an bhaile. Suas le seasca fireannach i ngrúpa amháin i scioból Laudy. Beirt shaighdiúirí i mbun meaisínghunnaí, beirt ag soláthar dóibh, oifigeach ceannais. Bhí sé ina bhrothall. Bhí saighdiúir beathaithe amháin ag ithe ciúbanna siúcra amach as a phóca.

Bhí cuid de na hógánaigh ina suí ar an bhféar tirim. Dúradh leo seasamh. Thosaigh an lámhach ag a ceathair a chlog tráthnóna. Thit na fir ina gcarn ar a chéile sna sciobóil, an chuid eile acu mar ar sheasadar sna sráideanna. Grúpa díobh ag siopa fíona agus biotáille Denys. Dhírigh na Gearmánaigh na hurchair go híseal ar na sibhialaigh. Sna cosa is mó a goineadh iad. 'Á, na bastairtí! Tá an chos eile bainte acu díom,' a liúigh M. Brissaud, a chaill leathchos leis sa Chéad Chogadh Mór. Caitheadh *coup de grâce* a thabhairt dó. Cuireadh na sciobóil trí thine. Loisceadh cuid mhór daoine ina mbeatha.

D'éirigh le cúigear, triúr acu gonta, éaló as scioból Laudy. Thugadar na cosa leo go dtí bothanna coiníní. Leath an t‑ár ar fud an bhaile mórthimpeall orthu. Tháinig bean amháin slán as an séipéal.

Thosaigh an lámhach ansiúd ar bhuille chlog a ceathair chomh maith. Lámhachadh leanaí agus mná, loisceadh cuid eile ina mbeatha faoi thuí agus adhmad, beirt acu i ngreim láimhe a chéile i mbosca faoistine, naíonán seachtain d'aois.

Stoc agus éanlaith chlóis an bhaile a tháinig slán. Choinnigh an SS tigh amháin, mar a raibh stór maith fíona, slán dóibh féin go dtí go raibh an obair mharfach thart. Mharaíodar 642 duine.

Maraíodh an Maor Dickmann i Normandie trí seachtaine ina dhiaidh sin. Cuireadh dhá thriail *in absentia* ar an nGinearál Lammerding, oifigeach ceannais na Roinne Panzer. Cé gur daoradh chun báis é mar gheall ar chrochadh 99 giall i mbaile eile, mhair sé go sócúil ina cheann gnólachta go dtí 1971 in Düsseldorf.

Mhaígh na saighdiúirí ón Alsáis i gcúirt i mBordeaux gur cuireadh iachall orthu dul san SS. Gabhadh an Alsáis agus Lorraine isteach sa Ghearmáin. Is beag má chuaigh éinne ó Lorraine san SS. Creidtear gur dá ndeoin féin a chuaigh na hAlsáisigh ann.

Tugadh pardún do na saighdiúirí ar fad an lá sula raibh an bhreith le fógairt ar mhaithe le *l'unité nationale*. Bhí an Alsáis ina cuid den Fhrainc arís.

Tá meaisíní fuála an tsráidbhaile ag crochadh fáithimí meirgeacha i gcónaí ar an ngaoth.

# Domhan Disney

Is ar éigean atá slí chun seasaimh ná chun anáil a tharraingt in EIRE, an t‑ainm faoina chló Eorpach atá baistithe ag na Francaigh ar an traein. Í ag triall ar Disneyland, Paris, Oíche Shamhna, seachas Cruachan. Plód ilteangach ó mhórán ciníocha ar domhan ag ráfláil istigh.

Clagar amuigh. *'C'est atroce,'* arsa an Francach mná, *'de la folie même.'* Osclaíonn sí doirse na traenach ag an stad chun sruth aeir a scaoileadh isteach. Stáisiún Drancy. Ní éiríonn éinne amach ag Drancy. *La rafle de Drancy* a thugtar ar an mbailiú mór a dhein na Francaigh ar na Giúdaigh aimsir an Dara Cogadh Domhanda, sular seoladh go dtí na campaí uafáis iad. Tagann an focal 'ráfla' ón bhFraincis *rafle*. Cluiche dísle a bhí ann sna meánaoiseanna, an fhréamh chéanna leis an bhfocal *raffle*, ach 'ruathar póilíní' is brí leis sa teanga reatha i bhFraincis.

Ní *Arbeit Macht Frei* atá crochta os cionn áirse Disneyland, ach *Le pays de vos rêves.* Tír na scuainí síoraí. Scuaine don scuaine féin. Dá ndeoin féin a íocann daoine isteach anseo más ea, sinn tagtha inár sluaite aniar, anoir, aneas, aduaidh. An ceol, an fuadar, an gleo. An faoiseamh tar éis an turais. Is fearr an ceann a choimeád ar mhaithe leis na leanaí. Tá traein ghaile Disneyland ag fágaint Main Street USA. Deineann sí timpeall síoraí na páirce. Ó thír go tír – Frontierland, Adventureland, Fantasyland, Discoveryland

– ag bailiú daoine, á scaoileadh amach agus ar ais arís go Main Street USA.

Bíonn scata daoine fásta ag fístaifeadadh an turais. Ní fhéachann siad lena súile cinn ar an saol níos mó, ach ar phictiúr ar scáileán de shléibhte nach sléibhte, de charraigeacha nach carraigeacha ach athchruthú ar ríocht scáileán Disney faoi mar a bheadh anam tagtha i mbeochan. Ceamaireacht seachas geamaireacht.

Tá clócaí dúghorma ar fhoireann bhéasach *kapos* Disneyland, agus meangadh reoite ar chuid acu sa ghaoth anoir a d'fheannfadh an craiceann de Walt féin. Clócaí buí plaisteacha báistí ar na saighdiúirí coise, agus Mickey Mouse greanta orthu. Tíoránach é Mickey a chreachann daoine, ach tá córas bolscaireachta níor foirfe aige ná mar atá ag Milosovic. Níl aon áit chun suí i Disneyland gan díol as, agus an pháirc bunaithe ar dhá bhunphrionsabal: fanacht i scuaine nó síorghluaiseacht.

Tá scuaine 73 neomat ann do spásárthach Discoveryland. Tá Adventureland dúnta. B'fhéidir go mbeadh fuascailt éigin i Frontierland, sa dún adhmaid atá tógtha cois locha taobh leis an Last Chance Saloon. Tá reilig bhréagach ar imeall Frontierland agus ainmneacha na mbréagchorpán greanta ar na bréag-leacacha. Ar a laghad nuair a bhíomar féin óg, sheasamar ar leacacha fíor-reilige i ndún fíoradhmaid ar leáigh an páipéar tarra air ach tine a chur leis.

Mhaithfeadh duine aon ní do Disney dá mbeadh greann ann agus samhlaíocht. Níl ceachtar acu ann. Ní *suspension of disbelief* atá i gceist níos mó ann ach an tsamhlaíocht ghníomhach a chur ar fionraí, agus tá sé costasach. Cinnimid rud amháin a dhéanamh ar aon nós ar mhaithe leis na leanaí. Téimid i scuaine an *roller-coaster* a thimpeallaíonn Big Thunder Mountain. Mianadóireacht an téama ar an sliabh nach sliabh. Tá an córas scuainí cliste. Filleann agus athfhilleann na scuainí orthu féin sa tslí go mbíonn siad ag bogadh gan mórán dul chun cinn a dhéanamh. Is féidir screadaíl na ndaoine ar an rollóir-chóstóir a chlos ar feadh an ama. Faoin am a bhaineann duine ceann scríbe na scuaine amach tar éis uair an chloig nó breis, faoiseamh is ea sceimhle nach sceimhle.

Fáisceann barra iarainn isteach go docht sa suíochán sinn. Deinim é seo ar mhaithe leis na leanaí. Cuireann gnáth-airde spearbail orm, gan trácht ar rollóir-chóstóir ag imeacht faoi luas ar sceabhadh, suas síos sleasa sléibhe nach sliabh agus aníos as íochtar tollán mianaigh nach tollán ná mianach.

Seo linn. Níl aon leigheas air ach na súile a dhúnadh, lámh a fháisceadh ar an ngarsún, agus scread a ligean ar nós gach éinne eile. Bíonn an garsún ar mire le háthas áfach, ní hionann agus a dheartháir ar chúl. Cuireann sé a dhá láimh de phreab san aer, na múnlaí carraigeacha ag bogadh i gcrith bréagach faoi thalamh agus ligeann liú as: 'Táim ag eitilt.'

Marcálann Disneyland caol na láimhe agus an Pháirc á fhágaint, le stampa. Scanann siad an stampa ar fhilleadh. Ach ní fhágann an stampa aon mharc buan sofheicthe ar an gcraiceann.

Go bhfios dom, ar aon nós.

Fáiltíonn na sléibhte sneachta fad radharc na radharc roimh an lá. Deir an lá leo, 'tá sibh ann.' Leathann solas na gréine anoir orthu ina socracht bhuan ó bheann go beann, faoi mar nach raibh aon ghnó eile ar an bpláinéad aige ach an sneachta a ghealadh. Ach féachaint sa solas, tosaíonn calóga oighir an aeir ag glioscarnach mar a bheadh cailéideascóp. Aer caol an tsléibhe ag feannadh na scamhóg. Na beanna mar a bheidís gearrtha ag cruthaitheoir na cruinne le preabshábh, gur leag sé uaidh é á rá go gcríochnódh sé an obair le caidhp sneachta sa séasúr. Thuigfeá Toblerone, ar deireadh.

Turas daichead a cúig neomat aníos ón talamh i gcarranna cábla ar an Areitbahn. Fágaimid ceo na mochmhaidne laistíos dínn, diaidh ar ndiaidh. Scaipfidh an ghrian an ceo agus nochtfaidh an gleann. Ag tabhairt faoi shiúl atáimidne, ar an Winterweg – bealach an gheimhridh – ag 5,000 troigh. An t-aon bheirt amháin nach bhfuil ag tabhairt faoi sciáil. Clár sneachta nó scíonna acu go léir, tá siad ann ó gach aird i lár agus in oirthear na hEorpa – go fiú mafioski na Rúise agus na hÚcráine, saighdiúirí Cróiteacha lena ndraideanna cearnógacha, cuairteoirí lae ón nGearmáin nach bhfuil ach roinnt ciliméadar uainn thar teorainn na hOstaire, Seicigh, Dúitsigh, Polannaigh. Agus ar shlí, is beag brí atá fanta le teorainneacha críoch, ach sinn inár ndaonnaigh eoraithe ag airgead corparáideach.

Fiú ag an airde seo, tá tithe aíochta mar a bhfuil bia agus deoch le fáil, agus comharthaí soiléire ag taispeáint na slí. Mar a bhailíonn an trá sa samhradh gráscar áirithe, bailíonn an sneachta sa gheimhreadh a leithéid chéanna: ceol ard briotach as aimplitheoirí cumhachta, ól agus a leanann é. Tá an aicme sin ceansaithe anseo áfach. Ag siúl in aghaidh an aird, tá an trácht sciála inár gcoinne anuas, agus baineann an sneachta púdraithe as na matáin é. Scuabann siad tharainn síos le faobhar na fána, fanann sa scuaine chun teacht aníos ar na hardaitheoirí oscailte, agus seo leo arís. Is beag a shamhlaíomar go raibh an saol seo ann, gan é le feiscint ón talamh. Feadh na slí, tá bothanna beaga do bheirt chun sos a ghlacadh, agus lán na súl a bhaint as an maorgacht. Tá dealramh leis na Flaithis anseo. Ach a bheith ciúin, is féidir an chruinne a chloisint ag cogarnaíl. Is féidir siúl ar aghaidh ar feadh trí huaire an chloig agus dul síos arís ar chóras eile carranna cábla go talamh. Bus ansin go ceann scríbe, rud a dheinimid. Tá mearbhall sneachta agus sléibhe orainn tar éis an tsiúil, faoi mar a bheadh an lá caite ar an bhfarraige againn.

Ag fanacht i sráidbhaile, Taxenbach, leathshlí idir Salzburg agus Innsbruck atáimid. Seantigh lóistín teaghlaigh a chuireann óstán tuaithe in Éirinn i gcuimhne dúinn. É faoi scáth an tséipéil lasnairde, buaileann clog an tséipéil ar bhuille gach ceathrú óna sé ar maidin. Bhaineamar amach é trí theagmháil ar an Idirlíon.

Is mór ag muintir an tí é sinn a bheith tagtha, agus fáilte acu romhainn mar a chuirtí fáilte tráth roimh chuairteoirí in Éirinn. Críost ar an gcroich i ngach seomra, fiú sa Gastzimmer mar a mbailíonn muintir an tsráidbhaile chun deoch a ól, cártaí a imirt, bia a chaitheamh. Caint, cáirt agus cártaí. Gan aon teilifís. Déarfaí go raibh na fir agus na mná lena ndreachanna dearga sléibhe tar éis siúl isteach ón aonach nó ón margadh. Siopa búistéara sa tigh chomh maith. Bhain taistealaithe Críostaí na hÉireann na hAlpa amach sna meánaoiseanna, agus d'fhág a rian ar ainmneacha na sráidbhailte. Ceann in aice linn, St Koloman.

Tá soilse feistithe den leac chomórtha i gcuimhne ar na saighdiúirí a thit i gcogaí an Fichiú hAois: deartháireacha, beirt go rialta agus triúr go minic, ceathrar uaireanta, aithreacha agus a gclann mhac, marbh nó ar iarraidh go deo, agus cá bhfios cén gaol gairid eile a bhí eatarthu i bpobal dlúth an tsléibhe. Cuimhním ar na leacacha comórtha i ngach sráidbhaile eile dá leithéid sa Fhrainc, sa Bhreatain Bhig, ar oileáin Ghaeltachta na hAlban, i Sasana, in Inis Ceithleann. Atógaint ó bhonn ó shin is ea an Eoraip, agus an nóta corparáideach ag aiseag as an bhfalla i Taxenbach a thoradh.

Deir fear an tí gur Turcaigh an fhadhb pobail is mó atá anois acu. Fear tuisceanach é, cócaire leochaileach. Ní bhíonn aon fhonn oibre ar na Turcaigh, ar sé. Nuair a shocraíonn siad síos, tugann siad a muintir isteach leo. Maireann siad ar shíntiús ón stát. Ní deireann sé é seo le haon ghráin ach le fuarchúis fhíriciúil. Deich faoin gcéad den phobal trí mhíle duine iad. Nílimid féin leath chomh caoinfhulangach leis na heachtrannaigh ar an oileán baile.

Cén tairseach atá le baint amach go dtosóidh an coire ag fiuchadh arís?

# Uiscí Faoi Thalamh

Ar leibhéal na sráide, ní bheadh a fhios agat é bheith ann mura mbeadh a fhios agat é. Doras gloine isteach agus ardaitheoir go dtí na folcthaí. Tá an baile féin, agus gach re baile sa dúiche, ainmnithe ó na foinsí uisce faoi thalamh ag brúchtadh aníos. *Bad Gastein*, fáiscthe sna sléibhte idir teorainn na hOstaire agus na hIodáile. Pé mianach atá san uisce, murar sulfar é. Iodáilis á stealladh tríd an nGearmáinis sna seomraí feistis, tá na linnte uisce te greanta as an gcarraig; linn te eile amuigh faoin aer reoite agus an ghal ag éirí aníos as suathadh na dtonn *jacuzzi*; linn eile istigh agus seomra solais ghréine mar a bhfuil na coirp sínte siar ar na deic-chathaoireacha; seomraí suathaireachta faoi thalamh, agus saunas Lochlannacha. Is breá leo bheith ag imeacht ón teas go dtí an fuacht. Is dócha gur teiripe seaca a thabharfaí air sin.

Nuair a ghlanann an scamall gaile istigh, nochtann an bhean bhán ar chiumhais na linne. Gruaig fhionn agus éadaí scaoilte bána, thuirling an niomf téagartha le tionlacan ceoil Mozart ó na callairí. Tosaíonn sí á haclú féin go haeróbach ar imeall na linne, agus déanann an slua san uisce lomaithris uirthi. Glúin a lúbadh, lámh a shíneadh, guaillí a shearradh, méireanna a spreangadh, freanganna éasca a bhaint as na matáin le tionlacan Mozart. Leanann *operetta* seo na bpuipéad ar feadh ceathrú uair an chloig agus tugtar bualadh bos sibhialta di. Glacann sí go cúirtéiseach leis an mbualadh bos, agus glanann léi i scamall eile gaile.

Gluaisimid linn síos staighre bíse tríd na fallaí tíleanna bána go mbainimid pasáiste fada amach. Doras ar gach taobh, seomraí suathaireachta, iad go léir leagtha amach de réir na suathaireachta ab áil leat, suathaireacht choirp leathuair an chloig, ceathrú uair an chloig, suathaireacht Fhionnlainneach, suathaireacht Thurcach, agus na praghsanna fógraithe. Seomraí sauna agus gaile ina ndiaidh. Bainimid dínn.

Tá an t-aer chomh tirim, te sa sauna go bhfágann sé gach éinne istigh ina thost, faoi mar a bheimis ag fanacht le faoistin a dhéanamh. Corpghlanadh seachas anamghlanadh ar na cláracha adhmaid. Seanbhraistint shacraimintiúil an choirp nocht.

'Níl cead a bheith istigh anseo gan tuáille,' a fhógraíonn an guth as an gcúinne dorcha thall orm. Trí shuanaireacht an bhrothaill tógann sé leathnóiméad orm a thuiscint gur orm féin atá an guth dírithe. Nochtann an draid as an gcloigeann bán faoin solas bog infradhearg chugam, mar a bheadh Dracula ina chaisleán. 'Rialacha idirnáisiúnta iad rialacha an sauna.' Freagraíonn na guthanna eile é i murmar íseal áiméanna. Is é sin le rá go dtuigeann madraí an bhaile an méid sin, ach amháin *untermenschen*. Tá rialacha an tearmainn sáraithe agam. Déanaim iarracht a rá leis go rabhamar tuáille gann ach go bhfuil ceann á roinnt againn. Ní haon mhaith bheith leis. Is é siúd sagart paróiste an sauna agus fógraíonn sé orm a bheith amuigh. Díbrítear mé, mar a bheadh madra ag imeacht leis agus a eireaball idir a dhá chois. Féadann impireachtaí iomlána dul ar lár, ach caitheann do thuáille féin a bheith faoi do thóin i *Bad Gastein*. Is dócha gurb ionann é agus laethanta an *mantilla* ar cheann mná i séipéal. B'fhéidir gur ceann de bhunmhianta an duine é a bhrath go bhfuil áiteanna, dá thuata iad, beannaithe, más beannaitheacht docht na rialacha féin é.

Tá an bóthar sléibhe go dtí an Berchtesgaden láimh le Salzburg déanta go minic cheana againn. I scannáin. Fuacht feannta an gheimhridh, ualaí sneachta ar na crainn ghiúise, an clapsholas liath sin a thiteann ar shneachta agus a bheireann ar ghile ina dhraid. Teorainn na Gearmáine trasnaithe, ag déanamh ar Obersalzburg lastuas de Bad Reichenhall. Bhí a dhroim le fallaí arda sléibhe ag Adolf Hitler anseo. Dieter Eckart, comhbhall de Pháirtí Oibrithe na Gearmáine – réamhtheachtaí na Naitsíoch – a thug ann an chéad uair é. 'Carachtar Baváireach, iriseoir leathchuíosach, file agus drámadóir a raibh dúil aige i mbeoir agus i gcaint. Náisiúntóir dígeanta, frithdhaonlathach agus frithchléireach, gráin chiníoch go smior ann agus dúil aige i miotaseolaíocht Lochlannach.' 'Gaisteoir Giúdach,' an tuairisc a thugann Alan Bullock air i *Hitler: A Study in Tyranny* (1954). Thugadar go léir cuairt anseo air, ceannairí Eorpacha, ón Fhrainc go dtí an Rúmáin, ón Iorua go Sasana. Chamberlain féin.

Tá gréasán tollán faoi thalamh in Obersalzburg, agus Nead an

Iolair lastuas arís níos airde sna sléibhte. Gearradh an bóthar tríd an gcarraig. Doirse práis ar an ardaitheoir a bhíodh ann a bhaineadh Nead an Iolair amach. Tá gortghlanadh déanta ar an áit, na foirgnimh glanta chun siúil. Ionad asma anois san áit a bhíodh beairic an SS, garda cosanta an Fuehrer. Baineann an áit an anáil dínn.

Ní dheinimid aon mhoill ann. Buaileann neamhfhonn agus tonn ghráiniúlachta ar an láthair in éineacht sinn agus cuirimid dínn amach as. Murab é léithe an chlapsholais san áit é, nó uiscí síoraí na staire faoi thalamh é, ag brúchtadh aníos ar a seans.

Sa chéad áit eile, a dhuine.

# Buachaillí an Railroad

An t-aer úr, uisce-ualaithe ag síobadh go moch cois locha. Tá líonadh agus athlíonadh cléibhe ann de. Sliabhraon na Adirondacks ar an mbruach thall ar chúl, brat bán fós ar chúpla beann. Ba ghnách mé ag siúl. Tugann mo shiúlta mé cois Loch Champlain i dtuaisceart Stát Vermont in oirthuaisceart na Stát Aontaithe. Bóthar iarainn ag síneadh le hais an locha, agus CITY OF BURLINGTON i mbloclitreacha ar an mbloc ard brící dearga lena ais.

Céad míle duine i gcathair Bhurlington. An bóthar iarainn ardaithe fiche troigh in áiteanna ar bhloic mhóra ghreanta charraige os cionn talún. Caitheadh iad a ghearradh amach as an talamh, iad a iompar agus a shaoirsiú. Trasnaím an crosaire ar leibhéal de shiúl na gcos. Clog na hÉireann ag ticeáil ionam fós a dhúisigh, a thug amach mé.

Cuid d'uiscebhealach abhainn San Labhrás i scornach Cheanada é Loch Champlain, é céad míle ar fhaid. Ceantar teorann eile é seo, uair an chloig ar an mbus go Montréal. B'fhéidir seoladh anuas an San Labhrás ar uisce chomh fada le habhainn an Hudson agus Nua-Eabhrac. Ualaí maidí agus bailc mhóra adhmaid atá caite ag an sruth le bruach ar maidin, seachas na crainn a sheoladh tionscal na muilte adhmaid agus na sábhadóireachta anuas tráth.

Ní luíonn na múnlaí cathrach atá ionam féin, iad lán de phasáistí cúnga, lánaí caocha, agus cuair, go nádúrtha le múnlaí céimseata agus dronuilleacha Bhurlington. Ach baineann cuair na sléibhte thall amach iad. Caitear tuiscint a bhogadh.

Tá créachta Vítneam oscailte arís ag an gcomóradh sna Stáit Aontaithe, cúig bliana fichead de ghortuithe nár chneasaigh, mar a bheidís ag úscadh faoi thalamh sna tolláin. Bhain Cogadh Vítneam le mo ghlúin féin. Is cuimhin liom fós na pictiúir den sléacht i My Lai a fheiscint i *Time* agus deora a shileadh. Bhímis ag brath ar *Time Magazine*.

*The things they carried* leis an scríbhneoir Gael-Mheiriceánach Tim O'Brien léite inniu agam. Ardbhlúire scríbhneoireachta, cur síos ar ualach trealaimh chogaidh na ngnáthshaighdiúirí i bplatún Meiriceánach i Vítneam, gan ualach na sceimhle agus na díchuimhne a chur sa mheá. Píosa eiligiach – *elegiac*.

Dhein an scríbhneoir Meiriceánach Nathaniel Hawthorne cur síos tarcaisneach ar na hÉireannaigh le hais Champlain i 1835. Siúlta a dhein Hawthorne i samhradh na bliana úd agus ar fhoilsigh sé a dtuairisc sa *New England Magazine*. Teifigh na haimsire sin, muintir na hÉireann, sclábhaíocht den uile shaghas ar bun acu, cuid acu ag gabháil den bhóthar iarainn ag an am.

Nothing struck me more, in Burlington, than the great number of Irish emigrants. They have filled the British provinces to the brim, and still continue to ascend the St. Lawrence, in infinite tribes, overflowing by every outlet into the States. At Burlington they swarm in huts and mean dwellings near the lake, lounge about the wharves, and elbow the native citizens entirely out of competition in their own line.

Every species of mere bodily labour is the prerogative of these Irish. Such is their multitude, in comparison with any possible demand for their services, that it is difficult to conceive how a third of them should earn even a daily glass of whiskey, which is doubtless their first necessity of life – daily bread being only the second.

The men exhibit a lazy strength and careless merriment, as if they had fed well hitherto, and meant to feed better hereafter; the women strode about, uncovered in the open air, with far plumper waists and brawnier limbs, as well as bolder faces, than our shy and slender females; and their progeny, which was innumerable, had the reddest and the roundest cheeks of any children in America.

Ar chuir sé caint orthu? Is fada siar agus síos a théann fréamhacha an chiníochais. Táid ionainn féin. Táid i Meiriceá. Táid i Vítneam. Ar Hawthorne a léamh inniu, agus ag cuimhneamh ar na sluaite réamhGhorta a bhí roimhe ar a shiúlta, is sásamh mór croí é a léamh go raibh snua na sláinte orthu, agus iad amuigh ag aeraíocht dóibh féin.

Braithim go bhfuil a ngol agus a ngáire fós ar an aer le hais Champlain. Cloisim iad ag tiomáint dingeanna sa bhóthar iarainn, ag casúireacht na gcloch, ag fágaint a rian i measc na rianta ar shaoirseacht an tsaoil. Buachaillí an *railroad* agus cailíní an *fhactory*, mar atá san amhrán, iad ar aon bhuille le saighdiúirí bochta Vítneam, agus comhcheol shlua na marbh acu faoi na hualaí a d'ardaíodar, *The things they carried*.

# Regular Ireland

Ar an mbealach earraigh ó thuaidh go dtí an Ciorcal Artach, eitlíonn na cadhain thar an bpríosún. Fál leictrithe, sreang rásúir. Ní thuirlingíonn aon chadhan ar fhaichí fairsinge an phríosúin. Roinnt príosúnach ag siúl thart ar an bhfaiche oscailte istigh, ina nduine is ina nduine. A thuilleadh acu ag aclú ar mheáchain agus ar bharraí iarainn. Radharc ar an trácht acu, ciliméadar ón láthair, trí mhogaill an fháil.

Sloinnte Francacha ar thromlach na n-oifigeach faoi dhíon, iad íseal, teann, neamhchainteach. In iarthuaisceart Vermont, 20 neomat i ngluaisteán ó theorainn Québec. Aonad oscailte go maith é an príosún, nó an t-ionad smachtúcháin i mbéarlagair na Stát Aontaithe. Tá slí áirithe acu chun an chealg a bhaint as an saol le focail.

Cúigear príosúnach atá sa seomra agus spéis acu i gcúrsaí scríbhneoireachta. Éan fáin mé féin atá tuirlingthe ina measc. Labhraím leo, in éineacht le mo chara, ar Éirinn, ar na tíortha Ceilteacha. Tugaim faoi deara ar a gcuid ceisteanna go bhfuil éirim agus tuiscint neamhchoitianta ag cuid acu, géarchúis institiúideach nach scaoileann faic liom. Léann siad an-chuid. Ní thugann siad a gcuid ama ag stánadh ar an teilifís, ag ligint dá meon titim chun feola.

Is maith leo éisteacht le hainmneacha baiste Gaeilge. Is maith leo éisteacht le dánta i dteanga eachtrach. Is maith leo go léifí dóibh os ard, ina láthair, agus na fuaimthonnta teanga á ngabháil chucu acu. Tá airc orthu, airc spioradálta. Braithim uaigneas sceirdiúil i mogall na súl acu. Nuair a deir duine acu go dtugann sé leis an dán, tuigim dó go hiomlán. Creidim é. Braithim gur fiú bheith ag léamh dánta do phríosúnaigh.

Ní haon phioc de mo ghnó é a fháil amach cad a thug isteach iad. Dúnmharfóirí, éigneoirí, robálaithe armtha, nach cuma ar deireadh? Táimid faoin aon díon amháin i seomra, faoin aon díon amháin amuigh sa saol dá dtuigfimis i gceart é. Deir fear acu, an té is meabhraí acu agus a bhfuil saothar fíordhorcha scríofa aige féin, go bhfuil sé suáilceach istigh toisc nach bhfuil sé ag déanamh díobhála d'aon duine amuigh. Saghas macasamhail síceoiseach den intleachtóir acadúil é, agus tuigim nach bhfuil ach faobhar rásúir idir an dá leagan. B'fhéidir gur mó an marú, ar bhealaí eile, a dheineann an té amuigh. Tuigeann an grúpa beag seo cad is brí le paidreoireacht sa chiall cheart, 'doing it for the doing of it' mar a deir duine acu liom go gonta. Braithim soilíos croí ina dteannta, agus ar iad a fhágaint. Tá creidiúint mhór ag dul do mo chara a thug ann mé, agus a thugann turasanna rialta ar an bpríosún.

Ag gabháil ó dheas, bainimid bealach an tsléibhe amach trí sheanchonair smuigleála aimsir an Prohibition, Smuggler's

Notch. Céim an Fhia ollmhór é. É an-ard, tá an sneachta déanach glanta de na bóithre i gceantar sciála Vermont. Deir siad go mbíonn mórán Éireannach ag sciáil anseo i gcaitheamh an gheimhridh. *Skyblue Martini* atá á ól sa tábhairne ag fear an chaipín *baseball*. Deineann mo chara an ceart agus a chomhluadar a sheachaint. Tá tiúnáil mhaith déanta aige ar a chuid aintéiní ón am atá caite i Meiriceá aige. Táimse taobh leis agus ní féidir.

Fiafraíonn sé 'Are you from the North of Ireland or from Regular Ireland?' Níl 'irregular' gan bhrí fós in Éirinn. B'fhiú bheith leis don cheist. Agus ní chuireann caipíní *baseball* olc orm níos mó, ach oiread.

Caithim filleadh abhaile ar Regular Ireland. Tá saothar ar an mbean mheánaosta a bhaineann amach an suíochán taobh liom san eitleán. Ó Iarthar na hÉireann í agus í ag filleadh abhaile tar éis cuairt ar thriúr mac agus iníon léi i bpríomhchathair Iarthar na hÉireann, Boston.

'If you have a good head on you and are willing to work you'll do well in America,' a deir sí. Tá a leath dá clann thall agus an ceathrar eile abhus. Tógálaí é duine dá clann mhac, a oibríonn ó dhubh go dubh. Rúisigh ag obair aige. Saibhreas déanta aige in aois a hocht mbliana agus tríocha. D'fhill sé ar Éirinn chun pósadh. Clais mhór airgid caite ar an mbainis. 'The works', mar a deir siad.

Chuimhníos ar an méid a bhí ráite go hachasánach ag taidhleoir sinsearach Eorpach liom le déanaí, gur stát de chuid na Stát Aontaithe anois í Éirinn ina comhdhéanamh eacnamaíochta agus go mba ghairid uainn an comhdhéanamh cultúrtha. Is é an turas céanna san aer é ó Seattle go Boston agus an turas ó Bhoston go Baile Átha Cliath. Níl aon dul uaidh. Fuair mórán de mo mhuintir féin tearmann agus pá lae sna Stáit Aontaithe, iad ina ndíbeartaigh ó shaol gortach na 1930í, 1940í agus 1950í i dtuath na hÉireann.

Fuaireas féin éisteacht, i bpríosún.

Tá tríocha bliain ghlan ann ó mhalartaíos m'aonchóip nua-eisithe de LP Leonard Cohen ar chnuasach d'fhilíocht Jacques Prévert i bPáras. Ba leasc liom scarúint le *Suzanne* ach bhí Claire níos áitithí fós ná í lena *Paroles*. Níor dheacair di a bheith agus mé i ngátar an airgid. Bhíos i gcás idir dhá chomhairle, comhairle mo chroí agus comhairle mo leasa. Bhuaigh sí.

Seo anois arís mé ag éisteacht le Cohen ar chluasáin ina chathair dhúchais, Montréal, agus é fós ag canadh i dTúr na nAmhrán faoi ghalar an ghrá. Meileann muilte Dé. Is diail an sean-*troubadour* é, lena ghreann bearrtha agus lena ghuth gan bearradh ó shin. Cuireann sé na sean-lanna Mac's Smile fadó i *chipper* Mattie Kiely i gcuimhne dhom, an taobh garbh gruama gan bearradh ar an gcloigeann ubhchruthach in airde agus an taobh thíos bearrtha suáilceach. Meon Cohen amháin atá síodúil.

Tá *I'm your man* ag déanamh spior spear de mo cheann leathshlí idir an teochrios agus an Mol Thuaidh, mar a luíonn Montréal. Caithim é a mhúchadh. De phobal líonmhar, tréan Giúdach Montréal é Cohen, cé go bhfuil cónaí le fada an lá air sna Stáit Aontaithe. Is é Cairdinéal Dearg an cheoil é, éan a eitlíonn go hard os cionn na cathrach. Cathair mhealltach ar fad í a chuirfeadh faobhar ort — coire ilchineálach, ilchiníoch, ilteangach, arb í an Fhraincis a dhearbhaíonn séala a sainiúlachta.

Is binn liom mar mhothú oíche é a bheith ag siúl ar an Rue Saint-Denis, ar an Rue Mont-Royal. Tá an chéad lá den earrach tagtha, an reo mór á bhogadh ar deireadh tar éis an gheimhridh a dhein scrios. Is geall le bheith i bPáras arís ar shlite é, an chuileachta áirithe timpeall ar bhia i *brasserie*, faisean iompair agus éadaí na mban agus an siúl Francach sin, oiread leis an gceann agus leis na cosa, ach piobar éigin breise curtha tríd. Tá croíúlacht sna Québecois agus tugaim gean láithreach dóibh i gclub na *Beaux Blues*.

Cloisim Mary Black ag canadh *No Frontiers* go híseal agus go binn ón oifig fáilte. Lorgaíos treoracha i bhFraincis ar dhíbeartach sráide chun dul ag siúl go Mont Royal, an sliabh ar chúl Ascaill Sherbrooke na cathrach. Nuair a chuirim in iúl le dua ar deireadh gur Éireannach mé – ní aithníonn sí *Irlande* ná *Ireland* – freagraíonn: 'That's a good area.' Tá an uile sa chomharsanacht.

Briotánach as Huelgoat í bean an tí, agus is í a thugann an scéala dom go bhfuil file an bhaile sin Youenn Gwernig caillte ó shin. Briotánach eile, Jacques Cartier, a sheol ó Saint-Malo chun teachtaireacht na deabhóide Críostaí a chraobhscaoileadh do na bundúchasaigh le hais an Saint Laurent. Tá an miotas greanta i bpánaí ildaite gloine atá leathcheilte ar chúl bosca faoistine i Notre Dame Montréal, an tIndiach luite ar a chúl ar an talamh agus Cartier ag seanmóintíocht as leabhar dó, murab é an Bíobla é.

Plaoscanna folmha agus hallaí bingó iad mórán de shéipéil Chaitliceacha Montréal anois. Tá dídeannach sráide luite ina chodladh ar bhinse i gceann atá feidhmiúil agus teas ann. Searbhóntaithe agus tionóntaithe i mbannaí ab ea mórán de lonnaitheoirí tosaigh Québec, seirfigh i gcóras feodach. Deir na hAnglaigh anseo nach bhfuil a gcearta le fáil acu féin ó na Québecois. Díríonn siad m'aird ar The Point, ceantar traidisiúnta na nÉireannach lena Rue Mullins agus Rue Coleraine, dhá chomhartha ag pointeáil in dhá threo éagsúla ar aon chuaille sráide amháin. Fanaim glan air, ní le neamhspéis ach gur geábh é an chuairt seo. Maíonn na hAnglaigh gur chaith na Québecois go hainnis leis na bundúchasaigh, seirfigh á agairt ar dhaoine níos dearóile ná iad féin. Tá stair fhada chlampair idir an dá chine, agus tugaim faoi Mont-Royal de shiúl na gcos go hard os cionn na cathrach ar chonair liom féin.

An sneachta fós ar an talamh ar an ard. Bhain stoirmeacha oighir an gheimhridh turraingeacha as na crainn i ngach ball. Tá na crainn scoite go míthrócaireach ag tobainne an oighir, géaga briste, lomtha, treascartha. Níl aon tuairisc ar a leithéid cheana sna hirisí eolaíochta a deirtear. 'Tubaist éiceolaíoch' a thug bean an lá roimhe ar an *verglas* mar a thugann na Québecois air. 'Duine de mhná Cohen tráth,' a dúirt fear a bhí i mo theannta. 'Cá bhfios duit?' 'Tá roinnt amhrán tiomnaithe aige di.' 'Is faide a bhata ná na scóir air a déarfainn.'

Nuair a bhainim barr Mont Royal amach, tá teas ón ngréin agus gan é a naoi ar maidin fós. Tá srutháin uisce sa sneachta agus bogadh millteach reo ar siúl, clog an nádúir ar bhuille an earraigh. Tá teaspach san aer, anam sa talamh, criostail an tsneachta in airde atá fós gan leá mar a bheadh súile dornálaí éirithe ina sheasamh tar éis KO. Na crainn pléasctha, géaga scriosta ag an uisce a reoigh ón taobh istigh.

Buailim fúm i gcuasán teasa os cionn Montréal, mo chroí féin ag bogadh reo i gceantar fíorthuaidh an ghrá. Tuigim anois, leis, nach spéis liom ach bundúchas an ghrá ar chuma an éin atá ar foluain go haerach i gcéad bhrothall an tséasúir go hard os cionn na cathrach i dTúr na nAmhrán.

# South Boston Diner

Táim ar ais sna déaga luatha faoi mar a theilgfí i spásárthach mé
ó chathair Chorcaí i 1963 agus go dtuirlingeodh sí ar phláinéad an
*South Boston Diner*. Tá an *diner* coinnithe slán i gcochall ama idir
*Norwegian Wood* agus *A Little Old Lady from Pasadena*. Í atógtha
mar íocón ó bhonn ach fós ceangailte ag an gcorda imleacáin den
mháthair-árthach atá sa spás os ár gcionn.

Níor thángas ar mo dhéaga an athuair go dtí anois, tar éis a bhfuil
de bhóthar siúlta agam. Nó an iad na déaga a tháinig suas liomsa
sa spás, faoi mar a bheadh an saol a bhí caite againn ag imeacht
ina lúb ar spól, nó má théann tú fada do dhóthain amach sa spás
go raghaidh tú in airde ar deireadh thiar id thóin?

Áirím an *diner* ar cheann de na *first*eanna úd i mo shaol: an
chéad ghloine Coke; an chéad mhuga caife agus cúrán bán
séidte ar a bharr; an chéad bhricfeasta ar thraein; an chéad phóg
Fhrancach.

Ní túisce i mo shuí mé ag an mbord ná seo seachadta i mo dhá
láimh an biachlár ag an mátrún altroma friothála, bean na súl
lách ar nós dhá loch dhoimhne a raghainn ag snámh ina mbroinn
dorcha go brách. Táim ar maos sa mhil óna liopaí, 'What will it
be, honey?' agus mo thoisí tógtha go beacht ag fear an ghriolla a
bhfuil a ghiall á phrapáil ag dhá chrobh a fhásann óna dhá uillinn

atá fréamhaithe sa chuntar.

Ordaím bagún agus *ham* agus *home fries* agus na huibhe *sunny side up* ar thaobh na gréine ach go háirithe, uibheacha Shliabh na mBan mar atá riamh ráite sna *diners* Déiseacha. Tá slí éigin ag na Meiriceánaigh chun freang a bhaint as an bhfocal *home* a sheolann glan isteach i gcaoláire an chroí. Cloisim siosadh baile ón ngriolla cheana féin agus anam tagtha arís sa chócaire Iodálach-Mheiriceánach is deinim féin is mo chompánach, eisean an treoraí, cúinne baile dár gcuid féin den mbord ag an bhfuinneog agus sinn ag stealladh Chorcaise.

Tá gach aon ní i gceart faoin *décor* gan aon phlaisteach ach cróm, na feistithe, na boird mahagaine-veinír, grianghraif Laurel & Hardy os cionn an ghriolla oscailte, an cuntar *formica*, roinnt bheag tíleanna in easnamh, na píobáin chaola solais néon os cionn na bhfuinneog nach lasann as a chéile ar feadh a bhfaid go hiomlán, an *juke-box* agus *Stranger in Paradise* uaidh, agus an pictiúr de James Dean, gothaí trodacha air ar dhoras an leithris. Íocónagrafaíocht iomlán. Beirt chustaiméirí aonair ar na stólanna ag an gcuntar, suíocháin *leatherette* ar phíobáin miotail scriúáilte sa talamh ag caitheamh sáiteán idir babhtaí freastail le Mátrún na Liopaí Meala a ghreamaíonn san aer iad agus a theilgeann chucu ar ais iad.

Fuasclaíonn an *diner* nach ionann in aon chor é agus tigh bia, an nóisean de bhuanbhaile ionam, áit nach áit é ach braistint reoite ar theastaigh rothaí chun í a bhogadh le fada an lá. Baile anois is ea an both veiníre i gcochall gréine in éineacht le cara. Bogann *diner* réamhfhocail chomh maith, a thugaim faoi deara faoi mar a bheadh an teanga féin ionam scriúáilte sa talamh acu. Chothódh na plátaí bia, a ithimid go hamplach, criú *Star Trek*. Glanaimid iad, ár ngáire os na déaga luatha mar anlann againn, agus seanchas cathrach a luíonn go héadrom orainn gan domhantarraingt gan tromchúis.

Mo chompánach agus a bhuanbhaile féin déanta aige i bhfad ó bhaile, go gcuimhním anois air agus an chéad shneachta geimhridh ag titim go héadrom air, ag luí gan leá ar an talamh i Vermont. Agus ar chomhartha na gealaí os cionn *diner* i *South Boston* ar fhágas slán ag na déaga luatha ann, sular luíos go héadrom ar eochair *home* an mhéarchláir, sular bhogas liom i mo spásárthach ar ais chun na cruinne.

# La Isla de Borondón

Triomach. Gan aon mhaolú air ach é ag cruinniú teasa. Bhácáil oigheann na gréine na hoileáin ó shéasúr go séasúr, ó aois go haois. Bolcáin iad a d'ardaigh san fharraige, agus i rith an lae bhí dreach cnapánach na talún agus na sléibhte mar a bhí ó thús aimsire − gearbach. Is é sin ó thús an túis seo is déanaí, Solas ó sholas, pé rud a bhí ann sula raibh an tús ann. Gan aon ghlaise puinn ná aon uisce abhann, ach gleannta seargtha mar ar shil roinnt deora báistí ó scamaill olann cadáis.

Dob fhéidir an bháisteach a áireamh ina braonacha agus bhí daichead focal ar a laghad ag muintir na n-oileán ar bháisteach. An cactas spíonach ansiúd. An tor cealgach raidhsiúil. An crann deilgneach ag taisce na mbraonacha go domhain faoi thalamh. Pluaiseanna mantacha ar shleasa na maolchnoc basailt ar mhair daoine iontu tráth. Botháin bláithliag ar chuma fódanna móna lán de phoill, na clocha gan aon mheáchan iontu ach mar a shnámhfaidís in uisce nó a d'ardófaí iad gan dua i dtaibhreamh.

Murach síobadh fuaraithe aniar aneas na farraige bheadh na hoileáin imithe ina ngaineamhlach ar fad, séidte chun siúil. Bhí trócaire sa ghrian. D'éirigh le daoine dul ar scáth uaithi. Chaith sí luí istoíche agus éirí arís ar maidin. Ghlanadh an clapsholas an screamh bolcánach den talamh, agus bhí an chuma ar chuair imlíneacha na sléibhte agus an ghrian ag dul faoi go rabhadar gearrtha as páipéar mín dúdhonn.

Spreag an ghrian ola áirithe i bplandaí. Mheall sé turasóirí chun na n-oileán, na milliúin acu gan staonadh ó chríocha tuaisceartacha, geimhriúla an leathsféir. Chuirtí saighdiúirí ceannairce agus coirpigh ar díbirt chun ceann nó dhó de na hoileáin tráth, ach anois bhí turasóirí agus coirpigh i gcónaí sásta íoc as an díbirt dheonach chéanna. Cuid acu i ré na satailítí, níor fhágadar an baile riamh ina meon. *Live football*, beoir agus *karaoke* an cothú laethúil acu.

Seacht gcinn d'oileáin a bhí san oileánra ag síneadh siar ón talamh. Oileán na mBeo; Oileán na Marbh; Inis na Míol; Inis an Ghainimh; Inis an Bholcáin; Inis an Dóiteáin; Inis na nÉan. Ach ba é an t-iontas ba mhó a bhí ann an t-ochtú ceann nach raibh éinne riamh ann. La Isla de Borondón a thug muintir na n-oileán eile air, nó Inis Bhreandáin in onóir an té ónar ainmníodh é.

'Tabhair turas ar La Isla de Borondón i mbád gloine. Ticéidí fillte lae ar díol anseo. Beir leat culaith snámha agus snorcal,' a d'fhógair na póstaeir. Bhí cumainn in onóir Borondón ar gach oileán, nó *La Sociedad de Borondón* mar a thugadar air. Shéid gálaí gainimh trí sheanséipéil inar lonnaigh colúir agus éin fiaigh. Scamhaigh an phéint de na pictiúir naofa ar na fallaí. Ar sheanchas na ndaoine a bhí Cumann Borondón bunaithe. Aoirí gabhar a mhair ar shleasa na maolchnoc lom agus seaniascairí is mó a choimeád an seanchas beo.

An dream nár ghéill dóibh, chuiridís ina leith gur fíon pailme nó rum a bhí faighte acu ó árthach ar a bealach siar a bhí ólta acu, nó go raibh ceann de na luibheanna spearbaill ó thrádálaithe Arabacha caite acu. Dhearbhaíodh na haoirí go raibh an Inis feicthe acu ar íor na spéire, siar amach thar na hoileáin eile. Sea, chaithfeadh an léargas a bheith glan ar fad gan aon smúit ná ceo i bhfíorthosach na Bealtaine. Nochtfadh sí idir Inis an Dóiteáin agus Inis na nÉan, ach d'fhéadfadh sí bheith glanta chun siúil i bhfad faiteadh na súl. Ach bhí sí ann chomh cinnte is a bhí Dia féin ann. 'Léan oraibh, nach bréaga a chum Muintir Dhálaigh an méid sin, tá a fhios ag an saol mór agus a mhadra é.'

Lonnaigh sliocht de mhuintir Dhálaigh san oileánra siar amach agus lean cáil na scéalaíochta ó shin iad. Ceannaithe éisc agus fir ghustalacha ghnó ba ea a sliochtsan anois. Ba é an scéal céanna é ag na hiascairí *atún* agus *pulpo*.

Chaithfidís tabhairt faoin aigéan mórfhairsing don *atún* go háirithe, ó dheas chun na hAfraice nó siar timpeall ar na hAsóir, agus bhídís lán de scéalta ar fhilleadh dóibh ar na hiontais ar muir. Toisc go mbíodh iasc acu ag teacht agus ocras ar na daoine, thugaidís éisteacht do na hiascairí fiú mura ngéillfidís dóibh go hiomlán.

Níor athraigh ré na satailítí faic. Ní raibh La Isla de Borondón ar aon mhapa ná aon fhianaise ar aon phictiúr satailíte go raibh sí ann. Tuairiscí i seanscríbhinní amháin agus an seanchas an t-aon fhianaise. B'in uile.

*'Quería un ticket para La Isla de Bornondón,'* a dúrt ag an mboth don bhád gloine. *'Un ticket de ida y vuelta.'*

Chuireas an ticéad i dtaisce agus b'eo liom go dtí an t-oileán nach raibh ann. Mura raghfaí ann, tar éis an tsaoil, níorbh fhéidir teacht as.

# An Falla Beo

Lascann an ghaoth fhiáin na colpaí agus na hioscaidí ón gcúl, an clár éadain ón tosach, sa siúl dúinn ar thrá fhairsing ghainimh. Mór an gar go bhfuil an ghaoth te. Dhá ghaoth le ceart is ea í, aniar agus anoir i dteannta a chéile. Gaineamh agus farraige agus sléibhte fad radharc na súl. Muilte gaoithe ar gach ard sna sléibhte, mar a bheadh éin allta tuirlingthe ar talamh, a sciatháin ag imeacht gan eitilt. Óganaigh ar foscadh ón ngaoth ag falla ard binne ag imeacht de ruathair chúltorta ar ghluaisrothair, caincín an roth tosaigh in airde san aer. Teaspach teasa agus gaoithe orthu.

Ag an bpointe is sia ó dheas ar leithinis fhiáin in iardheisceart Mhór-Roinn na hEorpa, tá baile Tarifa i mbéal an ghoib. Is beag tairbhe bheith i Tarifa lá gaoithe, mar a deireadh muintir an Oileáin fadó sula dtugaidis faoin mbaile. Ní chuirfeadh oileánach a cheann amach inniu. Turasóirí éaganta sinn. Leanann *La Frontera* gach re ainm áite uaidh seo siar go Cádiz, isteach go Sevilla agus ó thuaidh i dtreo Huelva ar theorainn na Portaingéile.

*Frontera* na Múrach agus na gCríostaithe a bhí i gceist, is Paróiste Múrach i gcéin an áit seo. Tá Tanger leathuair an chloig d'fharraige ó Tarifa. Cuid den seanfhonn a thagann orm, léim isteach i mbád agus an Afraic Thuaidh a bhaint amach. Ach cuimhneamh air, is fonn chomh seanchaite le dúidín é. Tráth a bhí na Lochlannaigh ag seoladh isteach i gCuan Phort Láirge bhí na Múraigh ag sealbhú na leithinise seo. Tá a rian i ngach áit, i dtuiscintí scátha agus solais thithe an tseanbhaile, i móitífeanna ealaíne agus dathadóireachta, i gcraiceann daoine, sna súile faghartha. Níor chás ach an barrfhód a bhaint agus bheidís faoi.

Múraigh an lae inniu iad na seoltóirí toinne a bhailíonn anseo, na *Desert Brats*. Mecca na seoltóirí toinne é Tarifa. Tá clár toinne fáiscthe le gach re feithicil i bpríomhshráid an bhaile nua, gach re siopa agus caifé ag freastal orthu. Má leanann an ghaoth ag séideadh preabfaidh *tumbleweed* anuas an tsráid leis an gcéad chamfheothan eile.

Tá an ghaoth rómhaith dom agus caithim m'aghaidh a thabhairt soir arís. Ar an nGaeltacht a bhím ag cuimhneamh agus mé i dtír solais Andalucia. B'fhéidir gurb í Andalucia an Ghaeltacht is fairsinge dá bhfuil ann anois. Tá an sean-nós sna hamhráin *flamenco*. Tá suáilce éigin in Andalucia a bhraitheas fadó sa Ghaeltacht. An caidreamh pobail daonna sin, an cruatan a bhí, an bochtanas, an imirce. Na tiarnaí móra talún atá i seilbh fhormhór na dtailte méithe, cúig theaghlach uasal acu ar fad. An ceathrú milliún *jornalero*, spailpíní gan sealúchas agus oibrithe pá lae Andalucia. Bíonn siad ag garraíodóireacht sna sráidbhailte saoire ar fud an bhaill. Taoscann ola thionscal na turasóireachta a gcuid allais. Bheadh a fhios agat ar a súile agus ar a ngéaga nach garraíodóirí iad. An mbíonn aon fhearg orthu? Conas a oibríonn siad sa teas millteach ar láithreacha tógála?

Níor dheacair an rince *flamenco* a shamhlú ar leacacha imeallbhord thuaidh, thiar agus theas na hÉireann. Ag tabhairt cuairte ar thithe atá i mullach a chéile ar thaobh sléibhe i *pueblo blanco*, labhrann na seanmhná mar a dheineadh mná ar an Seantóir agus i mBaile Uí Chorráin. Cloisim an tuin agus cuid den mheon céanna acu. Pictiúir den Chroí Ró-Naofa i ngach tigh agus paidríní os cionn na leapa. Caint ar na comharsana. Cúléisteacht. Fios cúraimí a chéile acu, cad a thugadar leo ón siopa, cé atá ag dul soir, ag teacht aniar. Níor dheacair ach oiread fuinneamh *Cré na Cille* a shamhlú in Andalucia. Dá dtuigfinn méid m'aineolais agus mé ag caint leis na daoine seo, cuid den Spáinnis steallta ag éaló uaim, choimeádfainn mo chlab dúnta agus mo pheann i mo phóca. Maith nach dtuigim.

Ag seoladh thar Algeciras agus carraig Giobráltair. Bíonn siad ag cúléisteacht leis an Meánmhuir ó bharr na Carraige. Na Spáinnigh ag cur moill d'aon ghnó ar an trácht mór turasóireachta amach as an gCarraig. Deirtear nach bhfuil *fronteras* fágtha níos mó sa chuid seo den domhan ach tá ceann anseo go daingean, láidir. 'Fish and Chips' agus Brat na hAontachta, 'Irish Town' agus 'Steak and Kidney Pie.' Carranna ag réabadh leo trí na sráideanna cúnga agus ceol dioscó ag tuargaint trí na fuinneoga oscailte. Leagan teicnea-rap de *An Raibh tú ar an gCarraig* is dócha. Sráid Ard de chuid na Breataine faoi theas na gréine, na turasóirí ag leá sna scuainí tráchta. Mótarbhealach nua Eorpach eile faoi na boinn againn soir.

Agus ceann scríbe bainte amach i Nerja, *Narixa* na hArabaise, ní fhéadaim codladh le teas na hoíche. Suím ar an mbalcón ag léamh. Soilse ó chrainn seoil na n-iascairí áitiúla ag leathadh líonta do na *boquerones* sa Mheánmhuir. Balcón Eorpach oíche. Téann na Rúisigh ghlóracha a ólann fíon saor ar an mbalcón taobh liom a chodladh ar deireadh. Seolann puth gaoithe ó thráth go chéile ón bhfarraige, míol ag easanálú. Tagann na hearca luachra amach ar na fallaí, ag imeacht de sheápanna timpeall ar na lampaí. Airc ar na hearca. Fanann ina staic. Tá an-fhoighne acu. Tá an falla bán gléigeal beo acu i gcorplár na hoíche. Ní am mharbh na hoíche níos mó é, ach am beo. Sciuird eile i dtreo an lampa. Cuil eile ite.

Earca ag teangadh an tsolais go mbeidh sé ina mhaidin.

# An Tine Bheo

Ceann de na neomataí sin ar an abhainn é, draíochtúil, gan choinne, sa chlapsholas. Táimid i mbád ag na 'Broads of Clashmore' ar Abhainn Mhór na Mumhan. Leathmhíle ar leithead de láib agus d'uisce agus d'fhásra tiubh ar na bruacha.

Loinnir aniar. Iarsma solais anoir sa spéir. Geiteann na scuainí mionéan san aer tamall maith uainn i dtobainne, lasann pátrúin leictreacha sa leathsholas faoi mar gur thine beo iad. Tá na mílte is na mílte acu ann, oiread gan áireamh acu is gur aonad amháin iad. Iad ar mire le hinstinn na heitilte.

Dúch iad chomh maith, stríocaí bíogtha mar a bheadh anam tagtha in iairiglifí ar phár. Nó fean láimhe a d'osclódh rinceoir Spáinneach amach san aer agus a rincfeadh faoi stiúir chaol na láimhe ar aon bhuille leis na sála.

Iasc ag léim. Cuirliúin ag olagón. Éigrit bhán aonair ag tabhairt faoin mbaile. Thall sna crainn arda, ina ribíní bána lonracha ar crochadh sna brainsí, scata corr réisc ina staic. Rúcaigh ag filleadh abhaile ar na neadacha tar éis an lae, liobair san aer, oibrithe traochta á scaoileadh amach trí gheataí monarchan. Bheifeá ceanúil ar na rúcaigh, na bligeardaithe dúshlánacha.

Táimid féin ag filleadh abhaile mar aon leo. Tá cumha ag baint leis an uain, le filleadh abhaile. An chumha a bheith beo, a bheith ann, is fós gur líonadh agus trá, líonadh agus folmhú is ea é, mar aon leis an uile ní beo. Is é an t-aon rud amháin é ach scaoileadh leis an taoide ina ham trá féin. Gan aon ghreim. Marbhfháisc é sin. Tá a fhios ag an taoide féin cathain is ceart éirí as, cathain atá deireadh líonta.

Turas suas Abhainn na Bríde, géag den Abhainn Mhór, a chuir an lá i bhfad orainn. Abhainn na 'ngarbhánach' í an Bhríde, mar a thugtaí ar na haicmí Gaelacha a mhair anseo. Dul i dtír ón Abhainn Mhór a chuir moill orainn, ag Céibh an Fharantóra. Feistiú le caladh an fharantóra, agus tabhairt faoi Villierstown, an Baile Nua.

Nua, thart ar 1750.

Ní bhíodh le déanamh tráth ach seasamh ar phort na habhann, fead a ligean, agus thagadh an farantóir ag triall ort sa bhád. Ní bhíonn aon mhoill ar an bhFarantóir, pé am de ló nó d'oíche é. Ní hionann dul isteach i mbaile i gcarr agus siúl isteach ón abhainn. Rithim de shaghas eile ar fad í, rithim ársa, chomhuaineach.

Baile eastáit de chuid Villiers-Stewart é an Baile Nua, agus na geataí fós in airde trí Dhroim Eanaigh – eastát agus tigh an teaghlaigh. Is féidir tiomáint tríothu ar an mbóthar cois abhann trí na coillte go Ceapach Choinn. Pé áit go mbíonn bailte plandóirí bím ag faire amach don mbaile 'Gaelach' taobh leis. Baile Gaelach é Eaglais dhá mhíle suas an bóthar. Rúcaigh ina gcónaí ann.

Tugaimid faoin abhainn arís, ár gcúl le stair, ár n-aghaidh abhaile in am na habhann. Tithe beaga neadaithe ar an mbruach thoir. Ceann tuí orthu. An 'spadhar' a fhásann go hiomadúil chun tuíodóireachta. Bóthar le fána an chnoic síos chucu. Ní foláir nó deineadh glanadh millteach, fuilteach anseo. Is féidir é a bhrath. Táimid inár dtost ag seoladh tharstu sa doircheacht ar an uisce. Tá maithiúnas an uile ní san abhainn.

Foghlaeir lachan an lá arna mhárach a fhuasclaíonn rún na scuainí mire éan. Buailimid leis ag ceann de na céibheanna cois abhann, Caladh na Claise Móire. Druideanna iad, éan míthaitneamhach mar a mheasas, a chodlaíonn ar ghais an spadhair. Gan de nead acu ach é. Greim fáiscthe acu i gcaitheamh na hoíche ar an ngas, ag luascadh sa ghaoth. Tá beatha gan insint sa láib ag na héin. Ní hionann agus 'druidí bochta Bhólais' thiar i ngob Uíbh Ráthaigh. Bíonn na lachain ramhar sa tséasúr ar choirce na ngort cois abhann.

Tugaimid ár n-aghaidh ar Lios Mór, agus ar Ardeaglais Chárthaigh de chuid Eaglais na hÉireann. Clabhsúr curtha ar sheirbhís mhaidin Domhnaigh, agus slua beag cruinnithe thart ag ól tae istigh. Stair Impireachta ar na fallaí i bplátaí snasta cuimhneacháin práis. Fir a fuair bás in Arm na Breataine i ngach ball den Impireacht. Clann mhac tiarna talún anseo, agus an tiarna féin. Beirt mhac ghiúistís, agus tiarna eile lena chois. Easpaig agus oirmhinnigh. Na tiarnaí talún, tuisceanach, lách de réir a n-insinte féin. Tá ceart ag gach aicme ar a scéal féin agus ar an insint.

Tá roinnt iarsmaí seanda ó thréimhse na manach i Lios Mór Mochoda greanta i gceann d'fhallaí na hArdeaglaise. Clocha agus inscríbhinní orthu. 'Bendacht for anmain Mártain', 'Bendacht for anmain Suibhne', 'Oroit do Donnchad.'

Is mó ná faoiseamh é a lorg a leanúint leis na méireanna.

Is fuascailt, i méarphaidir.

Táimid i mbád iascaigh adhmaid, cúigear fear, ag tabhairt faoin ngéag thoir d'Abhainn Mhór na Mumhan idir Cuan Eochaille agus an Lios Mór. Seanchaí na habhann ar an stiúir, dealbhadóir agus fear deaslámhach sa tosach, sléibhteánach agus éaneolaí ar an tochta láir, agus file ar saoire sa bhaile ó Mheiriceá ar an tochta deiridh. Mé féin ina theannta.

An taoide tráite sa chuan agus sinn ag súil go dtabharfaidh an t-athlíonadh suas an abhainn sinn. Lá scamallach sa Mheitheamh, é tirim, an ghaoth aneas ag síneadh siar ó dheas. Abhainn teorann idir dúichí Uíbh Mac Coille agus na nDéise í, artaire ársa agus comhuain a bhfuil a chuisle le brath i ndréachtaí an fhile Piaras Mac Gearailt, an feirmeoir gustalach ó Bhaile Uí Chionnfhaola theas taobh le Baile Mhac Óda.

Shín a shinsearacht siúd agus a ghaolta cleamhnais isteach i ngréasán cumhachta an 18ú haois agus bhí iníon dó pósta isteach i gclann de Nógla i mBaile na Móna. Tá Rosc Catha na Mumhan fréamhaithe anseo sna dlúthchoillte ar thaobh Chorcaí agus Phort Láirge den abhainn, agus torann na dtonn abhann le sleasa an bháid ag imeacht faoi áirsí Dhroichead Eochaille.

Abhainn gan aon teorainneacha leis í go dtí íor na spéire, abhainn na mianta concais, agus mótarbhealach na dTúdarach isteach i gCúige Mumhan. Bíonn an focal micreacosma á lua go minic ag staraithe le Corcaigh, féachaint an féidir iomlán an oileáin a léamh ar an daonscríbhinn áitiúil. Fiú Walter Raleigh féin, luann sé é in *The History of the World* : 'And because in the little frame of man's body there is a representation of the universal, and (by allusion) a kind of participation of all the parts thereof, therefore was man called microcosmos, or the little world.'

Micreacosma éigin is ea ár gcriú báid féin, leis, pé ceann é. Díreach a bheith beo, lá amháin i ndomhan beag na habhann.

Tá an chorr réisc flúirseach i gcónaí sna crainn arda ar na bruacha. Máire Fhada, Siobháinín na bPortaithe, Joanie an Scrogaill... tá mórán ainmneacha á leanúint ó áit go háit sa mhicreacosma Gaelach. Í ag neadú in airde sna crainn, ag soláthar sa láib fhairsing dhoimhin atá nochtaithe ag an taoide tráite. Mainicín stáidiúil lom. Scata mionéan, an cuilire ag déanamh rincí mire bíse san aer, tóin thar cheann, droim ar ais i bhfaiteadh na súl.

Táimid gan saineolas ar ghrinneall ná ar chúrsa na habhann faoi uisce, ach sinn ag brath romhainn. Ó am go chéile buaileann an t-inneall grean agus caitear moilliú. An doimhneacht a thomhas leis na maidí, gan ach dhá nó trí throigh uisce in áiteanna. An bád, *yawl from Youghal*, a stiúrú thar droimeanna gairbhéil agus seoladh linn arís.

Insíonn neart an tsrutha san abhainn de ghnáth cá bhfuil an

doimhneacht, ach ní i gcónaí é. Láib ar fad iad na 'Broads of
Clashmore' suas le trí mhíle ar leithead. Deir Mac Gearailt, file,
ina mharbhna ar a dhuine muinteartha, Seán Paor:

> Do-gheibhtí suairceas i gClais Muair
> Fastaím, fuaim is faolchoin,
> Ól is aoibhneas, feoil is fíonta
> 'S ceol gach oíche ar chaomhchruit.

Tá an taoide ag líonadh ar ár gcúl ó Chuan Eochaille isteach
agus ardóidh sé sin sinn pé scéal é. Tugann sé sinn chomh fada
le cumar na Bríde leis an Abhainn Mhór, agus sruth dhá abhann
dá réir ann. Is féidir fairsinge na dtailte eastáit a fheiscint ón
abhainn, páirceanna móra méithe gan aon chlathacha, agus tigh
tiarnais Headborough cois Bríde.

Tá Tulach an Iarainn tamall suas uainn Cois Bríde, 'the new
town of Tallow held 120 able Englishmen, and a new export
trade in prepared planking sprang up with sawmills and wharves
established to exploit the woods.' (*Tudor Ireland*, Steven G. Ellis).
Go dtí tamall beag de bhlianta ó shin, anuas go dtí na 1940í agus
1950í, bhíodh crainn á leagadh ar thailte eastáit anseo agus á
seoladh ar bháid ar an Abhainn Mhór go dtí mianaigh ghuail na
Breataine Bige. Ollmhilliúnaí Meiriceánach an lonnaitheoir is
déanaí i gceann de na tithe móra eastáit cois Abhann Móire.

Trasna uaidh ar thaobh na nDéise den abhainn, é i bhfolach faoi scáth cnoic ón mbóthar, tá dréimire le tigh cheann tuí a bhfuil ceann nua ar a leath. Fear coite ann tráth den saol, chuirfinn geall, ar a bhfuil de bháid bheaga feistithe leis an gcaladh.

Tá an taoide ag líonadh le fuinneamh, troigh in imeacht leathuair an chloig, an abhainn á chur in iúl go bhfuil sí beag beann ar ghnóthaí suaracha an mhicreacosma dhaonna. Tá a saol féin aici, chomh beo le haon neach. Tá sí mealltach, aoibhinn, rúnda, agus oiread de shaol aici faoi uisce ina híochtar agus atá os a cionn faoi sholas an lae.

Seolann sí teachtairí chugainn ar ár slí go dtí an Lios Mór. Bradán ag plabadh, breac ag lúbadh agus dobharchú ag snámh leis go caismirneach agus í ag súgradh linn.

# Log na Coille

Tá an lá geallta breá, ceo fós ar na beanna, agus na héadaí troma fágtha inár ndiaidh againn. Ní haon ualach do dhuine a bhuataisí ar an sliabh. An mapa leata os ár gcomhair ag mo chompánach sléibhe. Táimid i dtír bheannach Chill Mhantáin, laisteas de Ghleann Maolúra. Log na Coille mar sprioc.

'B'fhearr liom an bealach ón taobh theas,' a deir sé, agus an cúrsa á bhreacadh aige... 'An Fear Bréige is dócha atá ar Fearbreaga... Leadhbach ar Lybagh, Sliabh Meáin agus ar aghaidh uaidh sin go barr... bíonn na sluaite aníos trí Ghleann Ó Máil.'

Beirt 'óirí' sinn, eisean ina 1798óir, mise i mo 1968óir, gan ach an dá chéad bliain féin eatarthu. Fós, is féidir buille faoi thuairim a thabhairt faoin mbunbhrí laistiar de na macallaí, go háirithe ar an ard. Cuimhním ar na focail ag George Steiner, agus a lorgaím, in *After Babel*: 'It can happen that a society can become imprisoned in a linguistic contour that no longer matches the landcsape of fact.'

Fuasclaíonn ár gcoisíocht éasca an chaint eadrainn an athuair. Is fada ó bhíomar amuigh cheana i dteannta a chéile. Mar a bhíomar tráth, mar atáimid anois. An talamh a bheadh bog de ghnáth, daingean, seasmhach anois ag triomach fhómhar na ngéanna. Mo chompánach ina fhear tréan, lúfar, scafánta. Is é mo dhícheall é coimeád bonn ar bhonn leis. Féasóg faoina ghiall faoi mar a bheadh ar dhuine de lucht leanúna Parnell. Siúlóir, rothaí, éaneolaí, bádóir ó am go chéile. Laighneach a bhfuil dáimh mhór aige lena thír. Eolas ar a thír ar bhois a dhearnan aige. Cuireann sé fiche cárta Nollag go dtí ceann de na hoileáin ar an gcósta thiar. Ainmneacha na n-éan ar bharr a ghoib aige in dhá theanga, aithníonn agus ainmníonn sé iad gan barrthuisle i lár a chuid truslóg.

'Féach ansin, dhá scréachóg choille lena marc bán.'

'Cén t-éan é sin?'

'*Jay*. Éist lena ngleo. Ainmníodh go paiteanta i nGaeilge iad.'

'Éan corr...Thit tú féin i ngrá leis an dteanga chomh maith le duine.'

'An teanga agus saol na Gaeltachta. An tseanmhuintir.'

'Thóg tú do chlann féin le Gaeilge.'

'Rinne mé mo dhícheall. Tá mé bródúil as sin.'

'Táim fhéin ag fáil blas arís ar *Sheanfhocail na Mumhan*.'

'Casann an roth thart.'

Braithimid go bhfuil ré éigin thart inár saol araon. Pé ré í. Eisean is treise a bhraitheann na blianta ag imeacht anois ar cosa in airde. Na láireanna allta úd.

Trí huaire an chloig is ea é go barr Log na Coille, is mó atá saothar ormsa ná airsean, agus ligimid ár scíth san fhothain ar Leadhbach. Móin ard chlochach, agus stiallacha bainte den talamh ach gan aon mhóin bainte le fada. Rianta rothaí *quadrants*, *jetskis* an tsléibhe anseo. Gáire croí is mó a bhíonn againn os cionn bia agus tae, ag trácht ar éagantacht agus ar iompar na bhfear timpeall ar mhná.

Leathann an tír amach mar a d'osclófaí beart i bpáipéar donn de réir mar a dhruidimid in airde, na beanna á n-ainmniú ag mo chompánach síos go Baile Haicéid, Gráig na Manach agus Stua Laighean. Na gleannta á nochtadh féin os ár gcomhair, agus sinn ag éirí lastuas díobh, Gleann na Dumpála ceann acu. An lá gan a bheith chomh breá is a gealladh, é fuar a dhóthain ar an ard, táimid meáite ar an mbarr a bhaint amach. Scéalta aige féin ar na sléibhteoirí ag traenáil do na hAlpa ar Log na Coille, iad amuigh oíche Cinn Bhliana. Banaltra na cuaiche nó an fhuiseog mhóna mar chompánach againn ar Shliabh Meáin. Trí chearc fhraoigh. Buailimid leis na siúlóirí a thagann aníos an bealach réidh as Séiscinn ó Ghleann Ó Máil ar an slí.

'Ag lorg an uaignis a bhím fhéin amuigh anseo,' a deir sé agus sinn inár stad ag féachaint uainn. Tá na himlínte comhairde gairid dá chéile ar an slinneán deireanach i dtreo an mhullaigh ach ní haon strus mór é a dhreapadh.

'Síos ansin a bhí Michael Dwyer ar a theitheadh', ar sé agus an tírdhreach ag leathadh siar isteach i dtreo Chill Dara. 'Agus Myles Byrne féin, tá sé curtha i Père Lachaise i bPáras.'

'Tá an Fhrainc ina tearmann i gcónaí ag na díbeartaigh.'

Tá Log na Coille leathan, réidh ar an mbarr. É fáiscthe ón dá thaobh ag failltreacha, na Príosúin Thuaidh agus Theas. Baill de chlub siúil suite i mbun a ngreama romhainn, mná meánaosta is mó. Babhta cadrála agus gáire againn ar a chéile, iadsan chomh feistithe don sliabh le mainicíní ar *catwalk*, ach iad righin, súpláilte lena chois.

Glanann an lá. Stríocaí gorma sa spéir ag leathadh diaidh ar ndiaidh agus iad ag ligean an ghrian amach. Teas éigin san aer. Más beag an chéim féin í, is mór agam féin é an barr a bheith bainte amach. Cuimhním arís ar fhocail Steiner. Sínimid sa fhraoch ag féachaint uainn síos isteach i gCúige Laighean. Tá dhá fhiach dhubha ag rince le sult iomlán san aer os cionn na bPríosún, iad ag éirí agus ag titim de ruaigeanna reatha, ag tabhairt na gcor. Tá a fhios acu go goiméadfaidh na sruthanna aeir in airde iad. Tá a fhios acu é. Seo leo isteach is amach, ag rothlú, ag tumadh, ag timpeallú. Sinn inár bhfiacha dubha araon sa fhraoch.

Ag fiachaint orthu.

'Na cearca fraoigh féin, táid éirithe an-ghann,' a deir mo chompánach siúil liom.

Réabann an ghaoth ropanta a chuid focal trí thonnta fraoigh an tsléibhe fad radharc na súl, á chroitheadh go bonn, go fréamh dhocht. Sinne a dhúisigh an chearc rua ón bhfothain. *'Go back, go back, go back,'* an glao a deir an t-éaneolaí atá ag an gcearc fhraoigh. Á, sea, sin é ba bhrí le dul sna cearca fraoigh! A bheith ar na harda gan filleadh, chaith sé, lá buile gaoithe.

'Na caoirigh a bheith ag iníor go hard, agus an fraoch á dhó a chuir cuid mhór den teitheadh orthu,' a deir fear an tsléibhe liom. Tá mo chompánach chomh lom, lúfar leis na fianna Sika sléibhe atá ag hapáil le fána uainn, ceannabháin a dtóineanna ag caochadh mar bháillíní cadáis sa léithe. Géaraíonn an sliabh an éisteacht, agus baineann síneadh as radharc, cnámha, matáin. Giorraíonn focail. Buaileann an fharraige agus an sliabh le chéile ag pointe éigin, go ndeineann muir ar sliabh díobh, sliabh ar muir. Muirshliabh. Á chur i gcuimhne dúinn gur amach as an bhfarraige a d'at agus a bhorr an rud go léir, léir.

Tá ár n-aghaidh in airde os cionn Láithreach i gCill Mhantáin ar Thóin le Gaoith. Maith mar a ainmníodh inniu í. Bolg mór ataithe talún, agus a thóin le gaoth aniar is aneas, le flichshneachta, le clocha sneachta. An Turloch Mór thall uainn os cionn Bhearna Chill Mhantáin. Gan éinne amuigh inniu ach Suibhneacha Geilt, beirt fhear mheánaosta á chruthú dóibh féin go bhfuilid fós i ndéaga a dtríochaidí. Mura dtéann tú amach ní bheidh a fhios agat go deo cad a thug amach tú.

Is fada ó bhíos féin amuigh i gceart, ach mé rómhór istigh liom féin mar a dtagann meirg ar chaipíní glún an fháis. Tá na sochraidí carntha ó bhíomar amuigh go deireanach, é féin ag sochraid fir i dtús a sheascaidí aréir roimhe sin. Drochshláinte na bhfear a gheibheann bás go hantráthúil. Mura mbíonn an chinniúint á troid gach orlach dár saol. Macallaí faona ag na logainmneacha tríd an sracéisteacht a tugadh dóibh: Brocach, Loch an Iolair, Scar, Loch na hOnchú, buille faoi thuairim na ngutaí Béarla ag teacht ar éigean ar an gciseal Gaeilge fúthu, ach an bheirt againne ag casadh an fhóid. Mura bhfuil ann ach rómánsachas baoth, a bheith ag cur cos i bhfeac, ag seasamh sa tsáile in aghaidh na taoide ar chuma Chanúit. Táimid buíoch de Tóin le Gaoith, pé scéal é, a thugann fothain dúinn ón scríb.

Dearbhaíonn na hailltreacha a shíneann go dtí an loch síos uaithi gur Loch an Iolair a ainm. Creachadh na Fiolair, leis, ag deireadh an naoú haois déag sa ráig eile Victeoiriánach díreach mar atá ár ngutaí á gcreachadh inniu. Níl, ar shlí, aon am caite ach an t-am a bhíonn á chaitheamh sa Láithreach Síoraí. Aimsímid log sléibhe mar a mbuailimid fúinn ar *Survival Bag* nó Mála Marthana chun bolgam tae a ól agus greim a ithe. Fós, tá an fuacht ina nimh fheannta tríd an talamh aníos. Samhlaím go minic go mbíonn an sean-am de shíor ag gabháil timpeall ach teacht ar an airde a bhíonn aige. Abair, timpeall na hairde a dhéanamh ar Éirinn, ag 1,500 troigh agus os a chionn, féachaint cén tuiscint a thabharfadh sé sin féin dúinn. Suite sa log sléibhe faoi scáth Tóin le Gaoith, mullaí na gcruach ag síneadh ar gach aon taobh dínn, is fuirist a shamhlú nach bhfuil aon am faoi láthair thíos uainn ach an t-am seo de shíor. Go dtitfeadh an oíche. Is trua linn beirt nach bhfuil bothanna sléibhe in Éirinn mar a bhféadfadh duine síneadh don oíche, agus béile a réiteach.

Ní ligimid don bhfuacht seilbh a ghlacadh ar na cnámha. Is maith le mo chompánach siúl ag an airde seo, gan beann ar an saol daoineach. Siúlaimid ar aghaidh, fideog sléibhe ag éirí as an bhfraoch, cearc agus coileach feá. Tá gaol ag an bhfideog leis, lena héan sinseartha i nDiúchoill an Chéama theas.

Bainimid Eas amach ar an mbóthar go Bearna na Diallaite, agus dreapaimid arís os a chionn in airde. Bhíos anso leis, cheana, tráth anshóch de mo shaol ach is seacht milse liom inniu m'allas coirp. Neartaíonn an ghaoth ina gála in airde ar Scar agus caithim titim ar mo ghlúine chun mo ghreim a choimeád ar an talamh. Tá aghaidh Scair leis an ngaoith, agus í á lascáil gan staonadh. Tá mo chompánach ag eitilt, é ag filleadh ar a bhundúchas éin. Siúd iad na sciatháin á leathadh aige as a chasóg gaoithe, ach ar chuma an éin, tá sé ina stad glan san aer. Tá an gála rómhaith dó siúd fiú.

Ón taobh eile den diallait sléibhe tá fothain agus grian, atá geall le bheith míorúilteach. Is féidir linn labhairt le chéile arís, tar éis don ngála ár bhfocail a dhingeadh ina dtost. An fharraige soir uainn, breac-choill thíos uainn, agus na cruacha fad radharc na radharc. Seo aoibhneas.

Síos ar fad is ea é ina dhiaidh sin, le fána go Láithreach agus ar aghaidh go dtí Gleann Dá Loch. Tionól píobairí uilleann go tráthúil san óstán. Baineann an ceol preab eile as na cnámha atá á dtéamh ag pota tae.

Is cinnte go bhfuil Tóin le Gaoith ar phort nó ar ríl acu.

# Suaimhneas Chaoimhín

Deineann sé lá mór fuiseog. Tá tosach maith lúfar ag mo chompánach orm, é amuigh ó thús na bliana ag siúl na gcnoc agus ag rothaíocht sna cúlchríocha. Turasanna déanta aige ón mBántír i dtuaisceart Chorcaí ó dheas go Béarra agus sna dúichí timpeall. É lán de sheanchas na ndúichí sin dom. Eisean a leag amach an cúrsa siúil don lá seo, mise á leanúint.

Taobh le Gleann Dá Loch a thosnaímid amach, mar a bhfuil an díseartán *Suaimhneas Chaoimhín*. Tugaimid ár n-aghaidh tríd an gcoillearnach ar Scarr, cnoc 641 méadar, talamh gharbh agus móinteán an chuid is mó de agus conair tríd. Táimid le dul ar aghaidh ó Scarr go dtí Ceann Toirc atá ábhairín níos ísle, síos le fána go dtí Gleann Log an Easa, in airde arís thar Loch Iolar go Tóin le Gaoith taobh le Bealach Chill Mhantáin agus anuas ar ais ar an timpeall. Déanfaidh sé turas lae in aghaidh an chloig, agus an lá go haoibhinn gan puth gaoithe ar an ísleán. An uair dheireanach a dheineamar an turas, deiseal, ba dhóbair sinn a scuabadh den mhullach le neart na gaoithe, agus chaitheamar lámhacán ar ár nglúine.

Is geall le nóta nodaireachta ceoil greanta go hard san aer an fhuiseog féin, í crochta ar foluain, á cumadh féin lena cuid cantaireachta. An fhuiseog a bhaineann stad siúil as mo chompánach.

Éiríonn mo chroí ar chuma éigin, a deir sé, nuair a scinneann sí ón ard go talamh. Pé mianach a fhuasclaíonn an fhuiseog ionam féin, tugann sé ar ais go dtí an tSean-Ghaeilge mé, go dtí an focal 'síthalta' agus 'síthóilte', *filtered, strained, sifted, clarified, purified*, sneachta síthalta ag sní.

Sracfhéachaint a thugaim ar mo chompánach agus é ina staic ansin, feicim cloigeann seabhaic nó fiolair ón ngob go smig. Gan aon chuid dá mhianach fiaigh ann áfach, é ina éaneolaí, cloiseann agus feiceann sé féin rudaí a raghadh i gan fhios glan dom féin.

Siúlaimid ar aghaidh tríd an bhfraoch loiscthe ar an móinteán. 'Béiteálach' a thugadh muintir Uíbh Ráthaigh tráth ar an talamh loiscthe san earrach chun fáis úir, 'béiteáil' an gníomh féin. Cheana féin, tá gais ghlasa lán de mhilseacht ag gobadh aníos trí na fréamhacha dúdhóite. Fear é mo chompánach, mar a thuigim anois é, atá lán de thírghrá na hÉireann. Grá do thír aiceanta, agus do shaoithúlacht ghnáthmhuintir na hÉireann.

Gan fianna na mbeann amuigh, ach teas sa ghrian a thugann orainn na héadaí troma a bhaint dínn. Fonn orm féin síneadh siar sa fhraoch agus dul ar gor le leisce. Tá na bogaigh triomaithe de bharr na dea-aimsire agus buíonta siúil ag tabhairt faoin gcnoc inár ndiaidh. Leoithne ar mhullach Scairr, agus radharc níos faide ó dheas ná Log na Coille go dtí Cruachan Móire.

Níl aon radharc ar na cearca fraoigh inniu fós, ach féach a gcac sa fhraoch, faoi do bhonn.

Dúisíonn ár siúl an athuair scata fideog sléibhe as tom. An fhideog sléibhe a bhí i nDiúchoill ag Máire Bhuí, a thug na scéalta di. Bhí tráth ann go gcuireadh an díbirt ó mo dhúichí sinseartha féin uaigneas orm, nó ar a laghad fonn filleadh orm. Ach tugann an fhideog sléibhe a scéal ó dhúiche go dúiche anois léi. Is gearr a chuirimid an turas dínn go mullach Cheann Toirc, agus síos le fána go Gleann Log an Easa. Tá marú ag baint leis an ard suas ar shleasa Tóin le Gaoith. Loch Iolar taobh linn, agus adharca gabhar ag gobadh aníos san fhéar ar bharr na faille lastuas de. Bhraithfeá na gabhair ag magadh fút go minic, á rá leo féin, 'nach mór na hamadáin iad na daoine daonna, agus a mbíonn de shaothar orthu in aghaidh an aird, a dteanga amuigh acu agus a gcroí ina mbéal.'

'Is gearr go bhfillfidh an fiolar, tá súil agam,' a deir mo chompánach. 'Chonaic mé ceann thiar ag deireadh na gCaogaidí ar an Eilean Sgitheanach in Albain. Bhí mé ann le m'athair, beannacht Dé leis, agus níor bhraitheamar tada nó go bhfacamar an scáth ar an talamh thíos fúinn. Níor mhaorgacht go dtí é. An clamhán féin, an *buzzard* atá thuas in Aontroim, chonacthas é i dtuaisceart Chontae Bhaile Átha Cliath.'

Sna Piréiní a chonac féin go deireanach é ag eitilt leis an gclapsholas os cionn na bhfálta, agus glóraíl a sciathán ag baint gheit asam.

'Clamhaireacht', ní foláir, a chiallaíonn stracadh feola agus bia, an bunús atá le 'clamhán' cé nár chuala an focal riamh, ná nach bhfaca tagairt riamh dó ag éinne.

Ar mhullach Tóin le Gaoith, tá radharc againn ar Ghleann Dá Loch laistíos uainn, agus ar Loch na hOnchon lastall ar Bhealach Chill Mhantáin. Turlough Hill lastuas de sin arís. 'Otter lake' atá ag an Duinníneach ar Loch na hOnchon agus *wicked tyrant* ar 'onchú oilc.' Fuadar na scairdeitleán féin sa spéir, ag stealladh frathacha gaile ina ndiaidh soir, ní sciobann siad aon phioc den suaimhneas a leathann ó ghleann go gleann, ó bheann go beann. Ní ligimid dóibh é ar Thóin le Gaoith.

Is fada in airde sa spéir, leis, a théann na steallairí báis, clamhairí an oilc.

# Blascaod na bhFámairí

'Sea, tánn sibh tagtha agus imithe i bhfaid an aon lae agus an lá agaibh chuige. Gan aon scéal nua ag teacht agaibh ach a raibh de scéalta agam féin cheana ag sroichint chugam ó gach aird. Gan de rian fágtha in bhur ndiaidh agaibh ach na coiscéimeanna siúil sa phluda i mo thimpeall, an chuid agaibh a thug do na boinn é, agus an chuid agaibh nár dhein ach fanacht sa chaifé ag ól braon tae agus ag ithe *buns*, nó síneadh siar ar an tráigh faoin ngréin leis na ceamaraí reatha sin, go maraí an diabhal buí sibh le bhur gcuid fámaireachta. Gura fada ag teacht arís sibh, a fhámairí an aon lae!

'Ní hé an t-uaigneas a mharaíonn mé ná aon phioc de. Bíonn a canrán féin ag an muir agus a siollaireacht ag an ngaoth, an té a bheadh ag éisteacht leosan agus gan a bheith ag tabhairt toradh air féin. Tá ainm ar gach ball díom ó Phointe an Ghoba go dtí an Ceann Dubh agus as san ó chloich go cuas, ó stocán go foithir. Daoine a bhaist mé. Is mó mé ná mé féin agus ní mé faoi deara é. Bíonn laethanta ná deinim faic ach fanacht anso i mo staic, sínte siar ag féachaint uaim. Níor mhór don uain a bheith breá agus chífeá uait Uíbh Ráthach agus an dá chloich, Sceilg Mhichíl agus an Sceilg Bheag, ceann acu ina starrfhiacail agus an chúlfhiacail laistiar. Canglaím go ciúin. Eitlím ar sciatháin de Pharthas Dé. Ní mór breith ar an uain. Líonaim mo bholg de mar a ghobann an gainéad an t-iasc uaim síos faoi bhun Mhám an tSéideáin. Agus fós ní haon ghobadh é, ach iontas.

Sea, tánn sibh tagtha agus imithe i bhfaid an aon lae. Tiocfaidh a thuilleadh agaibh arís. Picil amáireach. Eagla an tséideáin agus braonacha báistí atá ag cur an teitheadh amach oraibh. Bíonn laethanta ná bíonn faic le feiscint ach ceo anuas go vásta orm agus as san síos go dtí méireanna na gcos. Measa ná ceo an ghaoth agus an bháisteach léi. Lá gaoithe agus báistí bím istigh, gan an ceann féin a chur thar doras amach. Faic ach an tine a lasadh agus éisteacht leis an ngaoth tríd an gceann. Bím ag cuimhneamh ar na daoine. Ní haon fhocal mór de mo chuid grá, ach greann. Cad é an mhaith grá gan a bheith ábalta ar é a chur in iúl? Bíonn siad chugam agus uaim, ón taobh thall. Siúlann fear nó bean acu isteach agus bíonn dreas cainte againn ar a chéile.

'An bhfuil na prátaí curtha fós agaibh thall?' a fhiafraím.

'Bliain gan gaoth thall í agus tá bláthanna ag teacht faoin ngas cheana orthu.'

'Agus gan a gceann curtha aníos os cionn cré fós acu anso le heagla roimh dhoineann. Ar mharaíobhair aon bhreac?'

'Tá an-airgead ar ghliomaigh i mbliana thall. Seilg mhór déanta orthu agus iad chomh méith le muca.'

Is dócha gur liom féin amháin a bhím ag caint. Caitheann sé an lá. Tá's ag Dia gur mó an chaint a bhíonn ag an ndream thall ná ag fámairí an aon lae. Is gearr, a bhraithim, ná tuigfear aon fhocal amach as mo bhéal ach muintir an tsaoil go léir chomh greamaithe de na saitilítí agus a bheadh blúire loiscthe feola de phláta.

N'fheadair siad cad a dhéanfaidh siad amuigh liom. Mé luite anso ar dhroim na mara agus a gcoinsias á rá leo gur cheart dóibh ceann d'iontaisí an domhain a ghairm díom. An t-iontas is mó ná iontaisí an lae gach lá den saol. Níorbh fhearr liomsa rud de ná go lonnódh daoine arís orm sa tséasúr seachas fámairí éaganta a bheith ag stánadh orm. Abair go dtógfaí ionad idirchreidmheach nó gan aon chreideamh go bhféadfadh daoine teacht agus a machnamh a dhéanamh ar an síoraíocht ann. Steipeanna i dtreo na síoraíochta is ea na clocha seo, nó sin é a bhíonn mo bholg a insint dom féin.

Sea, tánn sibh tagtha agus imithe i bhfaid an aon lae. Tá an lá inniu go haoibhinn, moladh mór le Dia. Ní haon ualach inniu orm iad mo chuid ainmneacha, mo chuid seanchais. Éadromaíonn an aimsir bhreá gach ní. Is geall le stuaic séipéil é Barra Liath go neadaíodh an seabhac gorm air. Gheibhim boladh cumhra mná ón gCuas Fliuch. Cloisim leanaí ag súgradh i gClais an Tobair, steipeanna rince ar an Leaca Dhubhach. Cuireann dhá rón a gceann aníos ar an tráigh Bhán, agus ní bhraithim aon uaigneas ná pioc de.

Slán libh a fhámairí an aon lae.

# Gairleog Fhiáin

Leathann cumhracht ghoirt ghairleog fhiáin ón gclaí agus ón ngarraí ar mo shiúl mochmhaidine. Baineann an sceitheadh stad glan asam. Faoi mar gur theastaigh ón té a rabhas ag cuimhneamh ar a ainm ar an leac i dtosach an tí, agus mé ag gabháil thairis, go n-éireoinn as. Seolann na mairbh teachtaireachtaí chugainn.

An t-aer bog leithiniseach agus iarracht de bhrat allais ar chlár m'éadain spaisteora. *Wild garlic* is túisce a rith liom, pé ainm a bheadh ag fear na lice uirthi. '*Posies* a thugaimidne orthusan a bhuachaill.' Tá an ghairleog imithe fiáin sa gharraí le hais an tí, ar feadh na gclathacha. Gairleoga ón gceann anuas, agus sciortaí samhaircíní ón talamh aníos orthu. An Bhealtaine fial faoina cuid, á leathadh orainn. Bhíodh daoine á n-iomlasc féin iontu ar na bánta.

Leanann an ghairleog fhiáin ar ais chun an tí aíochta mé. 'Creamh garraí' a thugann *Flóra Chorca Dhuibhne* mar ainm air, 'áitreabhach de chríocha iartharacha na Meánmhara a tugadh isteach go hÉirinn agus go dtí an Bhreatain mar phlanda gáirdín. D'aimsigh Praeger é in aice leis an Neidín sa bhliain 1899, an chéad uair a fuarthas mar éalaitheoir i gCiarraí é.' Faighim blas ceart ar an bhfocal 'éalaitheoir' ón uair go bhfuil a bholadh fiáin faighte agam. Éalaím liom ar thóir na bhfocal.

Deir Duinnín gur *leek* is ea 'creamh garraí' agus gur *wild garlic* é 'creamh' leis féin. Deir Dwelly gur *chives* é, ach gur *abounding in wild garlic* é 'creamhach.' Deir Duinnín arís gur 'creamh choill' an bunús atá le Craughwell i gContae na Gaillimhe, cé nach bhfaca riamh ach Creach Mhaoil ar na comharthaí bóthair. Chuirfeadh 'creamh choill' fonn ort tamall a thabhairt ag spaisteoireacht thart ar an gceantar. Tá 'crem' san fhoclóir SeanGhaeilge agus an focal 'creamh' in *Buile Shuibhne*. Tá na bríonna go léir leis ansin, *gentian, dog's leek, leek, wild garlic.*

Tá an focal ag cócaráil i gceart anois, faoi mar a deir na Spáinnigh go mbíonn pláta *al ajillo* ón mbunfhocal *ajo* ar ghairleog, nuair a dheintear an chócaráil le mórán gairleoige. *Aglio* an focal Iodáileach air agus *all' aglio* acusan air. Ón Laidin *allium*. *Ail* atá ag na Francaigh. Pé neamh-mheabhair a thagann orm, feicim leagan de *wild goose chase* ag na Francaigh, 'ag lorg meánlae ag a dó a chlog.' Fiántas Francach amháin é sin, ní thuigfeadh an Gael ná an Spáinneach go deo cad a bhí ina gceann acu leis an bhfiántas úd.

Deir Duinnín gur cheart féachaint faoin gceannfhocal 'craobh' chun a thuilleadh eolais a fháil i dtaobh 'creamh.' Mar is béas leis, ní deir sé cén ceann de bhríonna an fhocail 'craobh' atá i gceist. Ach ní dheineann sé difear. Faoin am a théim tríd an liosta, dearmadaim cad a thug ann an chéad uair mé. Ach cuirim spéis i gCraobh Chruachna 'the palace of Cruachain.' Is ait liom go deo é, ach tarlaíonn i ngaireacht do Chruachain i gContae Ros Comáin mé, agus bainim amach é chun dul ag siúl ann. Maidin aoibhinn. Cruachu Aí a bhíodh mar chéile pósta ag Ríthe Chonnacht nuair a thagaidís i seilbh. Leathann cumhracht ghairleog fhiáin ón gclaí ar an mbóithrín in airde ar Chruachain. Ritheann sé liom gur i mo cheann atá an boladh, gur lean sé aneas mé. Croithim mo cheann ach siúd i ndoire coille an creamh ag fás, ag rás amach trí na bánta ar chliathán an chnoic agus síos ar feadh na gclathacha. Ar éigean is féidir liom é a chreidiúint, mo thuras focal, a thosaigh le boladh i gCorca Dhuibhne agus a bhaineann ceann scríbe amach ar chliathán Chruachna.

Ach, rud is aite, aimsím craobhacha den phlanda 'crobh dearg' ar chliathán Chruachna leis an ngairleog. Cé go ndeir Duinnín gur *herb Robert* é 'crobh dearg', deir an leabhar plandaí gur *bloody crane's-bill* é. Tarlaíonn gur Rí i gCruachain ab ea Cathal Crobhdearg, a fuair bás i 1224, agus mar a deir *Annála Chonnacht* gan blas ar bith den íoróin, 'Rí ba mhó gráin agus urú ar gach leith in Éirinn; Rí is mó a rinne creachadh agus loisceadh ar Ghaill agus ar Ghaeil a bhí ina aghaidh; Rí is mó a dhallaigh agus a mhairbh agus a chiorraigh méirligh agus eascairde; Rí is fearr a dhein síocháin agus sáimhe de ríthe na hÉireann...'

Ach, rud is aite fós, níos déanaí an lá sin ar an tSionnainn díríonn an bádóir m'aird ar charróg liath nó feannóg, is é sin *grey crow*, agus é sa tóir ar chorr réisc óg. Bíonn na feannóga á gcrá agus á marú de shíor. Tar éis tamall a thabhairt ag faire ar an gclipeadh, tuirlingíonn an chorr réisc agus imíonn as radharc. Cloisimid an scréachaíl tamall uainn i measc na ngeitirí. 'Trua gan mo ghunna agam,' a deir an bádóir.

Bainimid amach láthair an áir ar deireadh, ach tá an chorr réisc óg sínte marbh, na súile bainte aisti ag an bhfeannóg, agus gob an éin smeartha le fuil... *bloody crane's bill*.

# Flúirse an Fhómhair

Ní fuadar mire amháin atá fúthu ach sceitheadh glan ón taobh istigh amach a chuireann ag rás iad ar fud an chosáin. Cluichí Oilimpeacha na seangán ar choincréit. Iad ag sileadh faoi luas as poill nár léir gur phoill sa chré iad gur thosaíodar ag sní astu. Ar an tsúil a chíonn iad atá an milleán má chíonn sí aon locht orthu, a deir an Criomhthanach, an Máistir.

Cén chomharthaíocht a bhíonn acu eatarthu? Sall agus anall de rite reaite, de ruathair ó thaobh taobh, de sciúirdeanna céad méadar lúthchleasaithe gan bualadh faoina chéile, gan dul i mullach a chéile, ach mar a bheadh Dia á rá leo nó instinn éigin sheangánach.

Iad ag socrú isteach i gcomhair an gheimhridh, ag tabhairt na bhfód móna duilleog isteach ón gcnoc. An bhanríon úd, agus sciatháin fúithi ag stealladh ó cheann go ceann, an b'in í an túr, an stiúrthóir aerthráchta seangán? Cén radar atá aici ar fud na sciathán? Pé hé an rí, muran banfhlaitheas acu é.

Seanfhonn é púdar nimhe a chaitheamh orthu agus iad a ghlanadh chun siúil. Ach a bheith foighneach leo, cuireann siad díobh an ráig – deireadh steallta déanta acu ar an mbanríon – agus socraíonn ar ais arís ina bpoill. Focheann amháin a chuireann a chaipín seangánach amach féachaint cad atá ar siúl amuigh.

Bíonn fios a n-áite féin acu idir cosán, gairdín agus scoilteanna *patio*. Ba mhíthuiscint nó easpa tuisceana aon tarcaisne dóibh. Radharc ón ard seo agam orthu, mar a bhíonn againn ó eitleán ar an talamh, ach cé atá in airde uainne arís ag féachaint orainne agus uaidh sin suas?

Fios d'áite féin a deirtí, chun duine a chur síos ach tá fios d'áite i scéim na cruinne leis ann mar is maith is eol do sheangáin é. Dá mba ológa iad, déarfaí go raibh ola ar tí brúchtadh iontu, ach ní hea is seangáin. Nuair a bheannaigh sí dom lena *Bonjour*, chruinnigh lár a liopaí i bhfoirm olóige agus chuir fonn ag rás tríom. Steall. Súlach ó dhuine go duine. Tá a súlach féin ag na seangáin, líne dúigh as gob pinn, cosa fúithi ag rás. Aibítir Shíneach inniu acu ann. Deireadh sceitheadh súlaigh an Fhómhair sula mbíonn an bailiú ann. Is féidir an súlach a bhrath nach mór ar chraiceann na gcaor fíniúna ar a ndícheall aibíochta ón taobh istigh amach, á nochtadh ina snua.

Ligeann snua an Fhómhair isteach faoin gcraiceann sinn. Bíonn gach aon ní *in flux* de shíor ach é níos léire ag tráthanna seachas a chéile. Na damháin leis, ag sceitheadh i leathchluas an tsionnaigh choincréite. Mar a bheidís chomh mór ina nádúr féin nach raibh aon dul as ach spíonadh gan teora as. Fós, is máistrí iad ar bheith staidéartha, crochta ar aer a déarfaí, sa solas. Murar socracht an fhiagaí é. Táid chomh héadrom sin san aer, spíonta as líonta a nádúir féin, go ndéarfaí go mba dheacair don aer meáchan chomh héadrom leo a choimeád socair.

An ionann míshocracht agus a bheith rómhór inár dtoirt féin? An damhán áirithe seo i gcúinne an bhotháin agus mé ag féachaint amach ar an lá, ní chím aon líon timpeall air, ach é ina staic ar an aer.

Aithníonn na dúile agus na míolta comharthaí an nádúir sula mbuaileann siad an duine. Ní chruinníonn siad aon mhaoin, ach an méid is gá dóibh ó lá go lá. Ní bhíonn an t‑am againn, a deirimid, fanacht socair, staidéar a dhéanamh ar scéimh an tsaoil. Nocht rinn ghoib a teanga as a béal nuair a dúirt sí *Gracias*, agus bhíos gafa ar nós na cuile ina líon.

Tá collaíocht i dteangacha Laidineacha mar atá fanta i gcónaí san fhocal, 'flúirse'. Bhíodh 'flúirse' i gcaint mo mháthar timpeall ar bhácáil, im, bainne agus plúr. Anois agus eagla an ghantair uirthi, is flúirse a shamhlaíonn sí le bheith slán, folláin.

Ach a bheith doimhin do dhóthain i dteanga ar bith, is ag tumadh i do mheon féin a bhíonn tú ar deireadh thiar. B'fhéidir nach bhfuil de bhrí ar deireadh le dúchas ach an méid sin, agus gur dúchas is ea nádúr do mheoin féin. Aithnímid na comharthaí meoin. Ceann de na léamhanna ar an bhfocal buíochas sna gluaiseanna é *ripeness*, mar gheall ar 'bhuidheachas', buí an Fhómhair.

Inniu, lá Fhéile Mhuire san Fhómhar, agus d'fhéadfadh an t‑iasc a bheith ag ráthaíocht sa chuan. Cuimhin liom fós an lá seo anuraidh agus na maircréil ag léim le flúirse ar an gcloch. Bhí tráth ann gur shamhlaíos doircheacht ag bagairt le teacht an Fhómhair, ach tuigim anois nach bhfuil ann ach go mbíonn rudaí ag sóinseáil mar a deiridís thiar. Gné eile solais, buí.

Buíochas.

# Sa Sráidbhaile

An dream cuairteoirí a bhí anuraidh ann, níor thángadar in aon chor i mbliana, pé glaoch a thugann sinne ar ais. Murab é an radharc glé ó bheann an tsléibhe é, Bá Bheanntraí agus leithinis Mhuintir Bháire ar ár gcúl, na Cruacha Dubha os ár gcomhair amach. Léim an tSagairt. Gleann doimhin sléibhe ag síneadh na mílte troigh síos le fána chun na farraige, caoirigh, iarsmaí coille crann péine ar chliatháin an ghleanna, feirmeoir sléibhe agus meangadh air ag cleatráil leis in airde ar rothar gluaiste *dirt bike*. Cúm Sheoladh. Póca dúiche laistigh. Leagaimid ár gclocha beaga ar an gcarn ag Léim an tSagairt, tá sé éirithe fionnuar agus tugaimid faoi ar ais síos chun an tSráidbhaile.

Ghabhfadh cuairteoirí tríd An Gaorthadh gan faiteadh súl, míogarnach chodlata tráthnóntaí Domhnaigh orthu ina ngluaisteáin agus iad ag déanamh ar Ghúgán nó ar na dúichí cois cósta. Pacaí leasú feirme ina gcarn mísciamhach ar leataobh an bhóthair, seanphumpanna peitril ag meirgiú, seanfhógraí do Raleigh All Steel Bicycles agus fógra Gaeilge do thobac St Bruno 'Caith é agus bain sásamh as – ní tobac go dtí é.' Flosc focal a chuaigh in éag ach a thagann slán ar chruan. Tá Raleigh féin imithe ina phlaisteach. An siopa, bothán stáin, ar scaradh gabhail os cionn srutháin. Babhlaí bóthair, bataí draighin ón áit, troitheáin spártha, slabhraí, uirlisí láimhe feirme, prátaí síl, agus milseáin do gharsúin. D'inseodh stocáireamh an tsiopa cuid mhór de stair thranglamach paróiste san fhichiú haois. Tá gach aon ní ann agus níl aon rud ann a bheadh uait, mura mbeadh dreas cainte le fear an tsiopa. Bheadh do ghaol curtha isteach aige an fhaid a bheadh mála *bonbons* á líonadh aige. 'Mo ghaol fite i dtréid-ríthe Gaelach do bhí.'

Muintearas, leis, a thugann ar ais sinn. Duine mór groí é fear an tí ina phearsa agus ina thoirt. Fear féiltiúil, géarchúiseach, lán de sheanchas agus de scéalta. Tigh mór bia, agus flúirse de. Níl an dream a bhí anuraidh ann i mbliana ann. An sagart paróiste ar a phinsean. An slatiascaire agus seinnteoir pianó ó Bhaile Átha Cliath. An feisire parlaiminte de chuid an Lucht Oibre. Tá teaghlach Meiriceánach ag bubláil ar fud an tí ag lorg an Athar Peadar. Sin-seanuncail di féin ab ea é agus a craobh ghinealaigh á chruthú san ar phár aici. Aistriúchán Béarla ar *Mo Scéal Féin* ina glaic. É féin, an fear céile, de dhúchas na Sicile, gheibheann sé lascaine ar thicéid eitleáin a chuireann ar a gcumas taisteal ar fud an domhain. Ní itheann siad aon bhia sa tigh ach *Instant Lunch* a thugadar leo ó Chalifornia. Le heagla galair, uisce beirithe a bhíonn uathu chun an bia *styrofoam* a at. Tá músaem an Athar Peadar i Má Chromtha dúnta, ar éigean is féidir féachaint trí na fuinneoga leis an salachar ón mórthrácht ar bhóthar an droichid. Is féidir uirlisí gaibhneachta a dhéanamh amach istigh, seanchorcáin agus trealamh cuiginne.

Sochraidí, póstaí agus baistí is mó a thugann na sluaite isteach sa tigh ósta. Bailíonn na daoine ó na hinseacha cois abhann, ó na sléibhte máguaird, don tsochraid sa tsráidbhaile. Ardaíonn na tonnta áivénna amach as an bparlús sochraide, agus tugann sruth na habhann chun siúil iad ar aghaidh trí na tailte báite i dtreo an damba. Stumpaí na gcrann fós ag gobadh aníos as an uisce sna gaortha mar a bheadh clár fichille nár tugadh riamh chun míneadais. Bean sna nóchaidí a cailleadh inniu, deirfiúr chairdinéil ón áit. Cruinníonn an tsochraid isteach agus cuirtear gaolta in aithne cois cuntair, baintear hataí, scaoiltear carbhataí, agus téitear i mbun seanchais.

Tá raon rothaíochta á leagadh amach arís tríd an dúiche ar aghaidh siar go Béarra. Cúlbhóithre cúnga siar ón bpríomhbhóthar a bhfuil macallaí cos agus cainte sinseartha le clos uathu. An monabhar úd. Raon rothaíochta a shínfidh ó chroílár Mhór-Roinn na hEorpa. Má fhanann tú fada do dhóthain chun ligint do ré dul in éag buailfidh tú leis arís ag teacht i do dhiaidh aniar sa timpeall. Malairt chrutha, comharthaíocht nua, monabhar eile cainte, ach an timpeall céanna.

Siúlaimid féin cuid den raon, ar aghaidh cois Loch Allua trí Chuar an Ghrianáin agus suas bóthar an tsléibhe mar a leathann na dúichí amach go Mullach Méaróga Finn agus Carraig an Radhairc. Ar feadh tamaill ar aon nós, baineann an monabhar úd a bhí, macalla fós asainne. Ar ár siúlta dúinn, agus carr gáifeach Gearmánach ag gabháil faoi luas tharainn. Nó sna buillí rithimiúla ó na maidí rámha ag gabháil thar nead eala ar an loch ag tarraingt ar oileán tréigthe. Is ann a ghreanaimid ar choirt chuilinn, chéadlitreacha ár n-ainmneacha baiste.

# Cúinne an Phúca

Chuireadh sí an taobh tíre ag rince ionam, sceach, tigh, gort, daoine agus í ag tuathú na cathrach ionam lena cuid seanchais. Rince meanman. Faic ach tiomáint amach as an gcathair go dtí dúichí na muintire, lasadh anam spleodrach inti. Mo dhuine muinteartha. Ní bhraithinn gur ag tiomáint a bhínn níos mó ach ag déanamh steipeanna rince, jigeanna agus ríleanna na gcúlchríoch. Sean-rómáns máthartha.

Saghas Bálcanú a bhí á dhéanamh anois ar an dúiche, más ionann Bálcanú agus seandúichí a bheith ag titim as a chéile. Fós, ní raibh éinne ag fáil bháis dá thoradh. Ruathair agus seápanna gairide a oiriúnaigh mé, le fírinne. Dósanna beaga. Ó chuala *Are you going to San Francisco?* amach as an seanraidió agus mé i mo sheasamh ar urlár na cistine a mbíodh an scoraíocht ar siúl ann, leanas bóthar eile. Níorbh fhéidir gan toradh a thabhairt ar an gceist sin, ar chuma éigin. Glao a bhí ann. 'Éireann' mar a bhí greanta ar an raidió a aimsiú le snáthaid tiúnála ar mhinicíocht eile.

Thógadh sé tamall mór fada ar an sean 'Éireann' úd téamh suas. Cá nach rabhas riamh i San Francisco, níor ghá dul ann chun a bheith ann, agus bhí na filí léite agam.

Gúgán Barra a bhí anois lastall i gcúm an tsléibhe agus ár

n-aghaidh síos i dtreo an tsráidbhaile. Bhí *Cath Chéim an Fhia* foghlamtha aici don fheis, ach tháinig tinneas ina scornach an oíche roimhe agus níor éirigh léi dul ann. Spreag mo línte a cuimhne an athuair. 'An cath ag teacht aniar.' Chloisfeá an ceol laistíos den chreathán ina glór. Bhí sí leochaileach ó buaileadh breoite í.

Chuaigh an bóthar casta cois locha i bhfaid orm agus í ina tost neamhghnách. Bhí sí ag sleamhnú uaim ar mhinicíocht eile ón taobh thall. Níor mhian liom ligean léi sall. Choimeádas abhus í le caint. Tigh mór scoraíochta ab ea tigh na muintire, *open house* ag an gcrosaire. Thagadh na bacaigh ag triall orthu agus thugtaí leaba na hoíche dóibh ar an *settle*. D'fhanadh teaghlach iomlán den lucht siúil seachtain nó breis i mbothán na cairte. Dreamanna eile a thagadh, ag bothántaíocht a bhídís. Leanas orm á mioncheistiú, í ag ainmniú na mbacach, na dteaghlach, na gcuairteoirí dom.

Buille mór don tigh ab ea bás antráthúil a hathar agus iad go léir óg. Ba ghearr go rabhamar ar ais ina paróiste féin. Thosaigh sí ag caint ar na *platforms*, na rincí tuaithe le hais an bhóthair. 'Ní bhíodh aon ní eile sa cheann agam ach ceol agus rince agus dul go dtí na *platforms*. Chuireas mo shaol amú leo.'

Stáitse coincréite ardaithe ón talamh ab ea an *platform*. Bhí scata acu timpeall an pharóiste. Théadh sí ó cheann go chéile ag seinnt an bhosca. Ceol, amhráin agus caint. Ní ceol traidisiúnta amháin é, ach ceolta nua ón raidió. Minic a thugadh úinéir *platform* amháin faoi cheann eile i lár na hoíche á smiotadh le hord. Gach Domhnach agus oíche Chéadaoin, bhíodh *platform* ag Cúinne an Phúca taobh thiar de thigh na muintire.

Bhain sí stad glan asam. Bhíos tar éis bheith ag cuimhneamh le seachtain roimhe sin ar an gcúinne céanna agus gan aon ainm agam air. Ach thuigeas láithreach cén cúinne é agus é ainmnithe aici. Aintín dom a thug siar ann mé lá go raibh Aifreann na stéiseans i dtigh na muintire. Ach seasamh ar an gclaí, bhí radharc síos isteach i log an ghleanna, siar uaidh sin amach as an ngleann agus ar aghaidh i dtreo sléibhte an iarthair.

Roinnt seanliosanna agus ráthanna agus fothraigh le feiscint tamall maith síos uainn. Leis an gclapsholas, sheasas ar an gclaí taobh le m'aintín, í ag eachtraí i dtaobh na liosanna agus na ráthanna. Pé féachaint a thugas, chonac mar a bheadh struchtúr ársa an tsaoil ina steillebheatha os comhair mo dhá shúl. Leath ráth ar ráth, lios ar lios, siar faid radharc mo shúl. Ní ag feiscint amháin a bhíos níos mó ach ann, istigh sa radharc, beo san am seanda úd gurbh é an t-am láithreach agus an t-am a bhí le teacht é.

'An dtaispeánfaidh tú dom an áit go raibh an *platform*?'

Ní rabhamar i bhfad ó Chúinne an Phúca. Bhaineamar amach é

agus gan éirí as an ngluaisteán phointeáil sí amach an spota dom, díreach taobh istigh de gheata, buailte leis an gclaí. D'éiríos amach.

Sheasas ar an gclaí arís ag féachaint uaim. B'fhéidir gurbh é an clapsholas é, agus an t-am den bhliain, agus aintín áirithe faoi deara é, ach ní fhaca aon rian den radharc anois.

Bungalónna nua, lonnú nua-aoiseoirí.

Léimeas go talamh. Bhraitheas stáitse *platform* faoi na boinn is mé ag rince ar aer ag Cúinne an Phúca.

# Ceardaí Maorga Cathrach

Sna cosa is mó atá an aois tagtha suas leis an seancheardaí a bhí chomh lúfar le cat ar scafall, á mhoilliú, á chur d'fhiacha air a choiscéimeanna a bheartú go cáiréiseach chun go gcoimeádfadh sé a choisíocht. An chothromaíocht sa chluas inmheánach atá teipthe air, agus ba dhóigh le duine le féachaint air ag siúl go raibh sé tagtha de bhád i ndiaidh turas suaite farraige.

Seancheardaí maorga cathrach é áfach, siúinéir chomh pioctha faoina hata a bhfuil cleite fáiscthe sa bhanda ann, faoina chasóg mhór bhréidín, go dtógann mná ceann de fós sa tsráid. Bíogann a mhuisteais tiubh le rógaireacht nuair a bheannaíonn sé dóibh ar ais, Lá an Phinsin. Is deacair a rá anois an í an cheardaíocht is bun leis an maorgacht, atá ag bordáil ar an uaibhreas, nó an dlúthchuid de nádúr a phearsan í. Is cuma cé acu, mar faoin tráth seo nó is dhá shruth a chuaigh ina chéile iad.

Bíonn a smig sáite in airde roimhe sa tsiúl tomhaiste dó ar nós cú a bheadh ag dearbhú boladh seilge lena smut san aer. Stadann sé féin leis, an seanghadhar, é ag ligean air nach bhfuil gearranáil air. Ceann de chleasanna riachtanacha na seanaoise aige é, an stad, agus tráchtann sé ina stad dó ar an obair atá déanta nó gan déanamh, nó a d'fhéadfaí a dhéanamh ar thithe na comharsanachta. Labhrann sé i mbéarlagair gonta na siúinéireachta agus na tógála, ag gearradh dronuillinneacha lena lámha, ag tomhas uillinneacha lena shúile. Ina cheann ar fad anois atá sé. Go minic, sula stadann sé, cuireann sé ceist éigin neafaiseach. Caitheann a mhac stad leis, chun é a fhreagairt. Caitheann sé géilleadh dá rithimí.

Tá aigne ghlé ag an seancheardaí, agus cé go bhfuil a spleáchas ar a chlann iníonacha ag dul i méid, níl aon mhaolú ar a údarás. Is amhlaidh atá a údarás ag dul i méid i gcomhréir leis an spleáchas. Toisc go bhfuil greim aige ar an saol tá greim á choimeád ag an saol airsean. Tuigeann sé go bhfuil ré na ceardaíochta mar a chleacht sé féin í, caite, ach deir sé go bhfillfidh. Ar nós na rothaí cairte a dheisíodh sé fadó, aimsir an Chogaidh ag Gabhal Luimnigh, agus iad ag síorchasadh. Creideann sé go mbeidh printísigh ag íoc arís ar oiliúint a fháil ó mháistircheardaithe faoi mar a d'íoc a mháthair nuair a oileadh é féin sna 1930í.

Tá léas nua saoil faighte aige ó thug a dhochtúir teaghlaigh na piollaí cearta croí dó ar deireadh. Ghlanadar an múchadh ina chliabhrach. Tobac, suimint agus mionrabh adhmaid is bun leis. Tá sé ag beartú camchuairt a thabhairt ar a chlann atá scaipthe i Sasana, Meiriceá agus sa Chian-Oirthear. Aisling í faoin tráth seo dá shaol, nuair is é a dhícheall an bus a fháil chun dul go rásanna capall i Lios Tuathail agus i Mala. Bíonn na capaill á dtomhas aige leis, lena shúile. *Tangler* capall ba ea a athair féin. Dá ndéanfaí scannán dá chuairt ar a chlann, ba leagan Éireannach é den scannán Iodálach *Toto Va Bene*, ina bhfuil an phríomhpháirt ag Marcello Mastroianni. Níl an seancheardaí neamhchosúil le Mastroianni sa pháirt sin.

Ach ar dtús, tar éis dó a phinsean seanaoise a bhailiú, agus an Lotto a imirt, caitheann sé filleadh ar an tigh ina bhfuil sé ag fanacht ar feadh cúpla lá. Deir sé go bhfuil *Coronation Street* anocht ann, agus tuigeann a mhac den chéad uair canathaobh go dtaitneodh *Coronation Street* le seancheardaí. Tá páirteanna fite tríd d'aisteoirí ar comhaois leis féin. Nuair a bhaineann sé an tigh amach sa bhruachbhaile, tosaíonn sé ag gearán ar an bhfuacht, ar an séideán a bhraitheann sé aníos trí na cláir shnasta adhmaid. Fáisceann sé blaincéad timpeall ar a ghlúine sa chathaoir uilleann go dtí go mbogann an seomra amach. Tá an teas lárnach faoi lán seoil ach is cuma leis, tá fuacht air. Tá a chuid fola ag tanú le haois agus leis na piollaí. Bíonn rithim sa tigh faoin mbruachbhaile a chaitear a chur in oiriúint do sheancheardaí.

Is í an rithim atá ag an ngarmhac is óige dá chuid, ait le rá, is mó atá ar aon bhuille lena rithim féin cé go bhfuil breis agus seachtó bliain eatarthu. Beartaíonn a gharmhac a choiscéimeanna go cáiréiseach chun nach dteipfidh a choisíocht air. Agus a chothromaíocht aimsithe aige, tugann sé sciuird i dtreo an fhir chríonna sa chúinne.

Nuair a ardaíonn an seancheardaí ar a ghlúine é, go gcuireann sé ina shuí é ag féachaint ar *Coronation Street*, tuigim go tobann cad is brí le bheith ag dul in aois na hóige.

# Cathair Ó Siosta

Táim ar an mbóthar maidin Domhnaigh, m'aghaidh ó dheas, ag éisteacht leis an soiscéal ó Chiarán Mac Mathúna ar an raidió. Sagairt amuigh ina ngluaisteáin ag dul siar i mbun tráchtaireachta. Tráchtairí spóirt ag dul ó thuaidh i mbun pápaireachta. Buíonta tacaíochta iomána ag dul soir i mbun paidreoireachta.

Spotsholas Chiaráin ar Thuath Ó Siosta le hais Inbhear Scéine. Amhránaí aige óna chartlann, fear, Ó hArrachtáin ag rá roinnt véarsaí ar bháthadh a pháirtí iascaigh a chuireann griofadach ionam. An cháilíocht ghlan gutha, gan aon áibhéil mhothálach, ach mothú leorchumhachtach ann. Baineann gné de shaíocht an tsaoil le 'leor'. Más macalla ón saol eile anois iad na véarsaí, braithim i gcónaí nach bhfuil sa saol eile ach diminsean pairiléalach, comhuaineach. Ní théann aon ní ar lár nach nochtann a cheann ar chuma éigin eile i bhfás rábach an Mheithimh.

Ní chreidim go bhfreagraíonn an dá shaol dá chéile mar a dhéanfadh comhthreomharán, ach go cuarach, caismirneach.

Táim ar ais sa saol seo ar mo dhá chois faoin am a bhainim Baile Mhistéala amach. Tá ceann de mo chromáin ag éileamh aclaíochta, agus téim ag siúl sa tsráid. Baile láidir an Mhistéalaigh féin, é tógtha ar bhunsraith na déiríochta agus ar ghluaiseacht luath na gcomharchumann. Comharthaí athbheochana thús na haoise chomh maith ag tréigean ar shiopaí bunaithe an bhaile mar a bheadh rianta taoide tráite, timpeall deich dtroithe os cionn leibhéal na sráide. Scrollaí greanta Ceilteacha ar na foirgnimh, an 'n' ar lár i Pádraig Ó Cathái[] san 'Irish House' agus Kane anois ina áit; Mac agus Supermac á fhéachaint le chéile sa bhialann a mhaíonn go bhfuil an tigh '100% Gaelic', agus 'Motors for Hire' greanta faoi scáth i ngloine shioctha ón ré chéanna.

Cúlbhóthar caismirneach a ghabhaim ag Mainistir Fhear Maí trasna na hAbhann Móire ag Béal Átha Úlla. Cuireann cuid acu 'h' breise ar 'úlla', an 'h' ar iasacht ón Áth - Béal Áth' Úlla - tráth eile den saol. Bóthar ar ard ina dhiaidh sin go dtí Carraig na bhFear agus na coillte glanta ar shleasa na sléibhte. Tá na dúichí seo níos sceirdiúla agus níos imigéiniúla ná áiteanna eile a mbíonn plód iontu.

Aifreann an Domhnaigh á chraoladh ar Raidió na Gaeltachta, agus an ceol go maith ó Chill Dhéagláin, ceann de Thuatha Ó Siosta na haimsire seo. Go hobann baineann comhartha go dtí Carraig an Aifrinn stad asam. Éirím amach.

Isteach liom trí chosán coille agus siúd cois abhann thall faill na carraige, altóir aiceanta greanta ag cuar an tsrutha san aolchloch, plásóg fhairsing agus binse chun suí ar an taobh seo.

Is fada ó chonac an focal 'péindlithe' greanta ar aon fhógra, mar atá anseo i gcill na carraige. Cad iad na péindlithe comhaimseartha, mo cheist? San fhocal 'péin' féin atá an fhulaingt le brath, ach sa phlásóg faoi sholas ar bhruach an tsrutha, an ghrian ag taitneamh trí na crainn, ní foláir nó bhí faoiseamh agus suaimhneas ag daoine tráth.

Tá m'aghaidh soir ó dheas arís trí Charraig na bhFear, thar na babhlaeirí bóthair agus Faiche na bhFilí ar an mbaile. Cúirt Éigse na Blarnan a bhí á comóradh anseo tráth, *Maidin is mé ag bleiríocht go Blarnain....* Bhíos anseo i mo ghlas-stócach, glúin-nocht, an lá a tháinig Dev chun an fhaiche a oscailt. Triantán tráchta a bhailíonn málaí plaisteacha chuige anois é. Fós, réalú áirithe é ar fhís den saol a bhí ann, ag tréigean go míshlachtmhar.

I Sráid na Blarnan, i dtigh tábhairne cathrach níos déanaí, a thagaim ar an gcúirt éigse chomhaimseartha. Tigh fear ar thaobh amháin agus tigh ban thall. Póstaer de Roy Keane, cléireach na cúirte, ar an bhfalla. Amhránaithe i láthair ón Marian Light Opera Society agus na hamhráin ó dhuine go chéile. Fear a bhfuil a dhóthain ólta aige ina chodladh ina lár, dúisíonn sé idir amhráin chun bualadh bos a dhéanamh. Dreas cainte ar *draghunts*. Ní hé fiach na bhfear in éadaí ban é, ach fiach na ngadhar i ndiaidh boladh feola i bpaca a tharraingítear ar an talamh ar feadh an chúrsa ráis.

Tábhairne lucht oibre i seancheantar Mhargadh an Ime i gcathair

Chorcaí a dtugaim gean dá phobal, póirtéirí ón Opera House, fir agus mná oibre a bhfuil ceol iontu, fuil chroí cathrach. Bean mheánaosta amháin acu - *Lady in Blue* - cumann sí óna bróga sálarda gorm-éadroma, go dtína spéaclaí gorm-ghlioscarnacha, rithimí na n-amhrán lena cuair choirp féin agus í ina suí. Éiríonn ina seasamh gach re tamall agus gluaiseann ar an urlár de chéimeanna oilte rinceoir *cabaret*.

Cathair Ó Siosta í seo, an taobh abhus de Thuath Ó Siosta. Bhí an dá thaobh riamh ann, gan iad ag bréagnú a chéile ach ag déanamh iomláin den rud amháin. An fhionnachtain atá fós le déanamh, na cuair a leanúint mar a lorgódh gadhar boladh lena smut.

Siar go dtí, abraimis, Carraig leáite an Ime.

# Odaisé Spáis

Tá síonchaitheamh garbh déanta ar na héadain chrua ina seasamh ag caitheamh tobac lasmuigh den Aonad A&E. Éadain spásáilte cuid díobh. Bean thall ag eascainí in ard a cinn isteach i bhfón póca, ag ropadh a cuid feirge ar na minicíochtaí fuaimthoinne isteach i gcluais duine eile. Spéir ghlan oíche ghealaí seaca. Comhéadan é an tAonad idir dhá shaol, pé saol iad.

Odaisé Spáis ar an teilifíseán fáiscthe in airde i gcúinne an tseomra feithimh ag géaga miotail. Slua ar na suíocháin ag stánadh, támhnéal ar chuid díobh ag an scáileán nó ag drugaí leighis, nó an dá cheann in éineacht. Beannaíonn na géaga leonta dá chéile, ach ní deireann na daoine faic. Éiríonn buíon óganach amach as tacsaí agus tuáille a bhí bán fáiscthe ar a lámh ag an ógfhear sa seaicéad féileacánach. Leanann na súile faoi thámhnéal iad tamall agus ansin leanann den stánadh. Cuma na scléipe ceansaithe ar an dream isteach, ach siúl na gcos acu. Riarthóirí an Aonaid laistiar de na pánaí gloine righnithe, i mbun próiseála. Buinneán otharchairr ag geonaíl agus ag dul as, ar shroichint gheataí an ospidéil dó.

Lucht slándála ag faire na ndoirse laistigh den aonad cúraim. Othair ar leapacha rothaí ina scuaine. Daoine scothaosta agus críonna is mó, ag feitheamh. Riar gan fuadar ar an áit ag an bhfoireann ghairmiúil. Tá an té atá nuamharbh i seomra ar deighilt ag cuirtíní. Coinnle lasta, agus scrín bheag déanta i gcúinne. Gan aon fhuinneog agus an córas aerchóireála ar siúl. Ar éigean atá a clár éadain fuaraithe. Cuma an éin anois ar a héadan, ní foláir nó bhí sciatháin faoin neach gur dhein daonnaí de san aimsir imchian. B'fhuirist corr réisc a shamhlú léi, ach í bheith ina seasamh, ag faire a ghoblaigh sa taoille. Í gan aon chorraíl. Ach, ag faire an choirp tamall, tá an chuma uirthi go bhfuil sí ag análú. Murab é insint na súl é, is é gnás na hinchinne é.

'Níl aon phaidrín fáiscthe ar na lámha aici,' a deir duine de lucht faire an choirp.

'Níor chuimhnigh éinne againn air,' arsa duine eile á fhreagairt.

'Is ceart paidir a rá.'

'Ár nAthair....'

'An bhfuil an Choróin Mhuire ar eolas ag éinne?'

'Na *Five Sorrowful Mysteries?*'

'Ar cuireadh an Ola Dhéanach uirthi?'

'Cuireadh cheana, ach n'fheadar faoin áit seo.'

'Mór an obair é nach bhfuil na *Five Sorrowful Mysteries* againn.'

'Raghadsa amach agus beidh a fhios ag duine éigin amuigh iad.'

Beirt sheanbhean amuigh san aonad cúraim.

'An bhfuil na *Five Sorrowful Mysteries* ag éinne agaibh?'

'Tá go deimhin, a deir beainín amháin. *The Agony in the Garden, The Crowning with Thorns, The Scourging at the Pillar, The Carrying of the Cross, The Crucifixion...*'

'An bhfuil a fhios agaibh cá bhfaigheadh duine paidrín?'

'Thíos sa séipéal i Sráid Thomáis, ach an t-am seo d'oíche....'

'An bhfuil aon siopa sa chomharsanacht?'

'Tá Spar ag an ngeata cúil thiar.'

Amach tríd an aonad cúraim agus tríd an seomra feithimh. Leathann fuaimrian na ngathanna leictreonacha ó Odaisé Spáis na teilifíse amach faoin oíche spéirghealaí seaca. Plabann na doirse uathoibríocha ina dtost iad. Tost na réaltbhuíonta. Dob fhéidir siúl iontu mar a shiúlódh duine i ngairdín agus bláthanna glioscarnacha a stoitheadh sa tsíoraíocht. An Spar ar an gcúinne ag geata Rialto, malartán airgid na Veinéise. Comhéadan eile, gach aon earra faoin spéir acu ach gan aon phaidrín sa Spar.

'Cár chuais ag triall ar phaidrín? '

'Dtí an Spar.'

'An bhfuairis?'

'Amárach a chaithfimid an paidrín a fháil.'

'Chuimhníomar ar na *Sorrowful Mysteries* ó shin.'

'Bhíodar ag na mná amuigh.'

'*The Agony in the Garden....*'

'Úsáid do mhéireanna.'

'Seo leat leis an gcéad deichniúr....'

'Tá tú ar nós do mháthar féin anois leis an bpaidrín.'

'Cloisim í fós á rá.'

Baineann an lucht faire rithim na paidreoireachta amach, diaidh ar ndiaidh, os cionn an choirp. Duine á rá, daoine ag freagairt. Ina lár, cnagann duine den fhoireann leighis ar an ndoras. Stopann an phaidreoireacht.

'Táim féin ag imeacht anois agus m'uain oibre istigh,' a deir an bhanaltra i bhfeighil, 'agus is í Nicola a bheidh anseo i m'áit. Má tá cúnamh ar bith uaibh, labhair le Nicola. Maith dhúinn an brú spáis, ach tá an mharbhlann nua gan críochnú fós. Is saghas Odaisé Spáis againne gach oíche anseo é. Mar a chíonn sibh, leis na leapacha ar rothaí amuigh sna pasáistí.'

'Tá do sheacht ndícheall déanta agat.'

'Cá rabhamar?'

'Ag an gceathrú rúndiamhair. *The Carrying of the Cross.*'

'Leatsa is ea é.'

# Traein Mhear Dracula

Bhíos ag léamh *Dracula* le Bram Stoker agus mé ag fuireachas leis an DART aduaidh, i Stáisiún na bPiarsach. Bhíos i bPoblacht na Trasalváine maidir le hiompar poiblí de.

'Ag dul i neamhthráthúlacht dóibh soir mar thraenacha,' dar liom. 'Ní foláir nó tá an mí-ádh ar fad orthu thoir sa tSín.'

Bhí slogadh na lachan tugtha agam ar mo thae agus ar mo cheapaire le súil go mbainfinn an traein amach in am ach níor ghá dom an ródhithneas. B'fhada liom ag teacht an mhearthraein leictrithe. Ansin is ea a chuimhníos: *Denn die Todten reiten schnell* – óir is mear a ghluaiseann na mairbh.

Leathuair tar éis a ceathair ceann de na laethanta gruama Samhna, mí na marbh go deimhin, agus é ag crónú cheana féin.

Ní raibh gile lag liaite an lae sin tar éis mo mheanma a ardú aon phioc. Ba mhian liom breith ar mhuinchille ar dhuine de ghiollaí an stáisiúin agus cogar fiafraitheach a chur ina chluais. Ach aon uair a ghreamaínn aird a súl phreabadh a n-amharc i dtreo eile le neamhfhonn nó le scanradh éigin. Ba mhírúnach, neamhchuiditheach, cloíte an drong iad.

Ar deireadh fuair mo mhífhoighne mhíchéatach an lámh uachtair ar mo lagmhisneach agus d'fhiafraigh mé ar i ndéanaí a bhí an mhearthraein ag rith. Bhain an póirtéir Fíor na Croise de féin, rinne meangadh fannlag, agus dúirt: 'The DART is not late. It is, what we call, backed up behind a diesel.'

Ní dhearna mé ach an foclóir ilteangach a bhí i mo mhála a thógaint amach agus brí na bhfocal a lorg ann. Thosaigh clár soilsithe leictreonach, córas trialach fógraí poiblí ag caochadh os cionn an ardáin ar mo thaobhsa den stáisiún. Ba chuige é an clár leictreonach, a thabhairt le fios dúinn cén déanaí a bhí ar na mearthraenacha:

1. Terminates 8 mins.

2. Bray 14 mins.

Pé brí a bhí le *terminates* mar fhógra. Murarbh í traein an bháis í.

Shéid gaoth nimhneach agus báisteach léi trí phóirsí leata neamhfhoscúla an stáisiúin sin, Piarsach. Ba mhíshuaimhneach liom gach neomat feasta. Níor lú an imní a bhí le léamh ar dhreachanna na sluaite a bhí ag bailiú isteach gan staonadh sa stáisiún.

'Bíodh foighne agaibh a deirim, níor tháinig bhur n-uair fós.' D'fhéadfainn scairt an Chunta a chlos, pé áit arbh as é murarbh iad na callairí balbha go hard sa díon a bhí ag fógairt trí mo shamhlaíocht. Níorbh iad. Chraicleáil na callairí ina mbeatha. Chuaigh crithir tríom chabhail. 'The train now arriving at the station is the mainline service from Drogheda.'

Chuala gíoscán na gcoscán ag scréachaíl i bhfad uaim sa chlapsholas. Éamh éagaoineach a d'aithníos. Níorbh aon traein ó Dhroichead Átha í seo ach traein Dracula. Chrith an talamh fúinn ar shroichint an ardáin di. Tháinig deireadh leis an éagaoin uafar nuair a stad sí os ár gcomhair. Ghabh creathanna trína cabhail mhiotail. Thuirling seisear paisinéirí de thraein Dracula.

Bhí an slua a bhí bailithe timpeall orm ar an ardán ar tí iad a ionsaí, é sin nó an traein a ghabháil le barr ceannairce. Bhíodar do mo bhrú ón gcúl, agus an brú ag dul i méid go dofhulangtha de réir mar a bhailigh daoine isteach.

Bhíog beirt phóirtéirí ina mbeatha, más beatha an focal cuí atá ar an bhfaonsplanc sin a ghluais go leadránach iad. Duine ar leathshúil ag plabadh doirse na traenach, agus duine eile le lampa ag díriú an tsolais sna carráistí tréigthe.

Go tobann bhíos ar bord. Léigh mé an nóta a síneadh i mo lámh chugam. 'A chara, is fada liom go bhfeicfidh mé thú. Beidh mo charráiste ag fuireachas leat ag Dumhach Thrá. Dracula.'

Bhraith mé cineál critheagla ag teacht orm féin agus ghabh uaigneas ina theannta mé.

'Tá an oíche glas, a dhuine chóir,' arsa an póirtéir ar thraein Dracula, 'agus d'fhoráil mo mháistir an Cunta orm togha an aireachais a thabhairt duit. Tá buidéal *slivovitz*, branda plumaí, faoin suíochán má bhíonn práinn leis.'

A Thiarna Dia. Ní raibh uaim ach an DART a fháil abhaile agus anois bhíothas dom scuabadh i gcóiste mear ar bhealach na síoraíochta go Dumhach Thrá. Cad ab áil leo a bheith ag seoladh traein Dracula ó Dhroichead Átha gach tráthnóna ar mhaithe le dornán corpán, nuair a bhí na céadta marbhán ag fuireachas le mearthraein ar an líne chéanna?

An raibh aon áit eile ar dhroim an tsaoil seo nó an tsaoil eile, seachas Poblacht na Trasalváine, go dtarlódh a leithéid?

Braithim uaireanta gur ag snámh san aer a bhím, fó-thoinn os cionn uisce. Ceantar na buile. Bíonn an ceantar osréalaíoch sin, más osréalaíoch atá, fíorchontúirteach. Bím bunoscionn leis an saol dromchlach, an bheatha tadhaill mar a thugadh an Céitinneach air.

Is ansa liom an focal 'tadhall' áfach, a bhíodh againn sa Mhatamaitic. Pointe tadhaill líne le ciorcal. An múinteoir, Doyler geanúil agus gliondar air, ag an bpointe tadhaill. Cuimhin liom a mhéireanna fada cnámhacha, a airde rábach, agus spota cailce ar a liopa íochtarach. Matamaiticeoir go smior.

Tá mórán de na pointí tadhaill a bhíodh agam leis an saol glanta leo isteach san infinid. B'fhéidir gur ardú meanman é sin leis. Is é an dúshlán i gcónaí é na pointí nua, ar seanphointí faoi chló nua i gcónaí iad, a aithint.

Bhíos in dhá chaife Gaeltachta le déanaí, ceann acu a raibh Gaeilge á labhairt trí Bhéarla agus trí Ghaeilge ann, agus ceann eile a raibh Béarla á labhairt trí mheánais – béarlagair na meán físe – a bhí san FhíorGhaeltacht.

Bhí an biachlár scríofa i mBéarla agus in aistriúcháinis. Maireann an Ghaeilge san aistriúcháinis faoi mar a thagann sicíní aonlae chucu féin faoi lampa goir. Cá bhfuil an pointe tadhaill ag aistriúcháinis, cá dteagmhaíonn sí leis an saol, cén chiall atá léi? B'fhéidir go ndeineann sí ciall idir dhá shaol, idir dhá thrá, nó le contráth. Ach caitheann nithe a gcruth a choimeád, nó tá deireadh leis an gclampar. Is féidir nithe a chur as a riocht, iad a mhíchumadh, ach é a dhéanamh go healaíonta nó de réir rialacha éigin dá olcas iad sa tslí is go n-aithnímid an bunrud. Tar éis an tsaoil, rámhainn is ea spád ach BLT is ea BLT in aon teanga.

Thugas an iomarca aird ar chomhrá na gcomharsan ag an mbord sa chaife FíorGhaeltachta. Meánais ghlan acu. Thógas ceann díobh. Chuir an focal *turgid* an teitheadh orm ar deireadh, ach chríochnaíos m'*appletart*. Rith sé liom go rabhas ag ithe bia i sóp teilifíse, i m'aisteoir gan línte. Braithim uaireanta go mbím ag cúlú isteach ionam féin, an 'mise impossible' sin. Chuireadh trá na Gaeltachta mar a chuireas aithne uirthi uaigneas millteach orm. Ní chuireann níos mó, mar go gcaitear géilleadh don tonnbháthadh. Seasamh sa toinn láithreach agus ligean do na freanga fuachta gabháil trí na ladhracha. Glacadh leis go mothálach. Sin do-chloíteacht. Tá na clocha forbháis féin dochloíte, fiú má thiteann siad. B'fhéidir gur clocha boinn féin a dhéanfaidís as an nua. Is cuimhin liom gearrscéal le de Maupassant a léamh i bhfad ó shin, i bhFraincis, i dtaobh seanbhean aonarach a bhí lán de chainteanna Prováinseacha, gan aon duine á tuiscint i mbaile i ndeisceart na Fraince san aois seo caite. Saint-Tropez. Is mó an croitheadh a bhaineann sé anois asam ná a bhain an uair sin.

Tarlaíonn míorúiltí beaga áfach, ar ócáidí sacraimintiúla leis iad. Bhíos le mo mhac óg i gcaife i mBaile Átha Cliath. Chuir caipín an gharsúin beirt bhan mheánaosta ag caint linn. Béarla thuath Chorcaí acu, Gaeilge trí Bhéarla. Is mó a bhím ar mo shuaimhneas sa cheantar sin ná faoi na lampaí goir. Bhí leisce rúnmhar na tuaithe ar na mná aon eolas pearsanta a thabhairt dom, ach bhíos maith mo dhóthain dóibh. Ba iad mo mhuintir féin iad.

Ón taobh thuaidh de Mhuisire, taobh an scátha ab ea iad. 'The cold side,' a deirimse a chuir ag gáire iad agus b'eo iad ag rá: 'I dtigh beag deas cluthar ag bun cnoic ar thaobh na fothana,' gach re líne idir an bheirt á mbabhtáil, agus mé féin ansin: 'mealbhóg', 'crann úll', 'cathaoir shúgáin.' Bhain na focail ón téacs gáire as a mbolg aníos. Bhaineadar leo ina gcroí agus ina n-anam. Cuideachta shuairc, lán de scoraíocht, iad leis na blianta fada i mBaile Átha Cliath ag obair in óstán b'fhéidir. Mo ghreidhin iad.

Níl aon chaidreamh idir an dá chaife. Tá siad ar chonaireacha pláinéadacha nach bhfuil aon phointe tadhaill acu lena chéile. Ní chreidim go dtuigeann siad dá chéile níos mó, gan trácht ar a chéile a thuisicnt, ceann acu ag bochtú, ag tanú, agus ag leachtú cheal téacs údarásach, agus an ceann eile ina iarsma a fhéadann a bheith maoithneach.

Ach is cinnte go gcaitear téacs a sholáthar as an nua i bhfoirm scéalaíochta, arb iad mná óga *Séadna* na haimsire seo a bheidh ag éisteacht leis ag an tinteán. Is cinnte gurb í an teanga an téacs, ach b'fhéidir gur fuascailt amháin ar an angar is ea cumarsáid agus an teanga bheo a fhágaint faoi na meáin is dual, agus dul le litearthacht iomlán ar an taobh eile.

Is é an cás anois é go bhfuil úire agus brí agus ceol ag baint le focail de chuid litríocht na SeanGhaeilge, leis na struchtúir chlasaiceacha atá sna téacsanna, anois díreach agus an téacs reatha ar tí dul ar lár. Tá níos mó le foghlaim anois ná riamh ón téacs ón uair nach bhfuil na múnlaí fágtha sa chaint bheo.

# Crainn Piorraí

Tá seal na gcrann piorraí istigh. Tríocha bliain. Shíneadar a scáth le hais an chasáin, a ngéaga *wire*áilte *en espalier*, righin, docht iontu féin. In aghaidh falla a bhíonn crann *en espalier*, ón Iodáilis *spalla* 'gualainn' nó 'taca' tríd an bhFraincis, agus sreanganna a bhí mar thaca ag géaga na bpiorraí.

A gcreat lomtha mí Feabhra. A scáth flúirseach duilliúr sa tséasúr. Cloisim an leoithne anois tríothu agus iad imithe mar a bhíodh glór cóitíní faoi sciortaí ag dul ag damhsa. Bhíodar ag teacht, ina línte díreacha, le seanleagan amach dronuilleogach an ghairdín. An bosca teann úd arís lán de shreanganna díreacha mar a bheadh rann clasaiceach.

Ceardaí oilte i miotalóireacht a chuir ann an chéad uair iad. Tá línte comhthreomhara a mheoin á nglanadh chun siúil ón ngairdín agus cuair á ndéanamh díobh. Bhíodh na seancheardaithe an-dian orthu féin, sa ghéilleadh iomlán a dheineadar don oiliúint. Máistrí diana na hoiliúna a mhúin an déine dóibh. Choinníodar greim docht ar a gcuid máistríochta, ach deineann greim an fhir bháite den ghreim sin uaireanta. Níor lig an saol dóibh na rialacha a bhriseadh riamh, fiú ar mhaithe le diablaíocht féin, chun solas breise a scaoileadh isteach.

Fós féin, dheineadar cuair de na scrollaí miotail i ngeataí, de na céimeanna i gcúinne staighre. Nuair a lig éileamh na ceirde dóibh é. Theip ar an gceardaí ealaín a dhéanamh dá cheird nuair a ghrean sé duilliúr miotail ina gheata. Sárcheardaíocht ach ealaín *kitsch* a bhí sa duilliúr. Cuid de na healaíontóirí, ar thaobh na reibiliúnaíochta a d'aimsíodar an ealaín.

Cuair chéadfaíocha iad piorraí, leathan as a dtóin, seang as a mbarr, ar crochadh óna siní go mealltach ar na crainn san fhómhar. Gach cuma chuarach faoin spéir orthu. Iad cruaidh i dtosach, aibíonn siad ina luí i mbosca, ar gor ina milseacht. I leaba chaonach móna san fhionnuaire is fearr a thagann croí iontu. Géilleann a n-aibiúlacht d'fhuineadh ceansa na láimhe, na boise. Tagann an lacht ar barr iontu. Ach iarracht den chruas a bheith fós iontu, gan a bheith tite go hiomlán chun boige, cuireann siad uisce leis na fiacla.

Ní nochtann siad ón taobh amuigh a bhfuil de mhéithe iontu istigh, ach is geal leis an bpiorra go n-íosfaí í go smúsach. An gheallúint ó mo chara go ndéanfadh adhmad stoic na gcrann soláthar do dheileadóir a shocraigh go nglanfaimis na crainn piorraí.

'Poirceallán na deileadóireachta,' a thug sé ar adhmad na gcrann piorraí, a mbíonn an-tóir air ag na deileadóirí. Go fánach a thagann adhmad na gcrann piorraí ina dtreo. Bhainfeadh sé babhlaí geala as na stoic, athchruthanna amach ón deil.

Fúm féin a fágadh iad a bhaint leis an sábh slabhra. Ailp chraosach an sábh slabhra, ainmhí míchéatach, bromach nár ceansaíodh i gceart riamh. Ní bhaineann na seancheardaithe leo. Níl aon insint ar a bhfiántas, ná cad a dhéanfaidh siad.

Glanadh na crainn piorraí tríocha bliain in imeacht roinnt puthanna anála. Lomadh na géaga righne, wireáilte. Gearradh na stoic i bhfaid oiriúnach don deileadóir. Tugadh chun siúil iad go dtína cheardlann. Dhein na géaga aon chual umhal amháin connaidh. Lasadh tine, agus loisceadh na cipíní, na fuíollanna fáis. Aon ualach beag amháin potaise a dhein díobh, mianra arís do na crainn nua torthaí. Ní ceart aon chrann a bhaint gan crann amháin ar a laghad a fhás ina áit. Cúiteofar a bhfás leanúnach, a scéitheadh torthúil leis na crainn piorraí.

Bhí cleachtadh ag an tsúil ar na crainn a bheith amuigh faoina raon. D'fhéach an gairdín chomh lomtha le páirc agus iad glanta chun siúil. Tháinig babhla torthaí ar ais ón deileadóir, stoc na gcrann piorraí in athchuma. Piorraí ón ollmhargadh ann, Beurre Hardy, ar nós uibheacha faoi im ón margadh. B'fhíor do mo chara, babhla é atá chomh geal, bán le poirceallán. Cruthóidh na crainn nua a gcleachtadh súl féin.

Gach aon uair a fhéachaim amach an fhuinneog, tagaim ar na crainn piorraí arís eile agus iad imithe.

Deil. An t–adhmad a fháisceadh idir ceann agus leaba na deile, agus an meaisín deileadóireachta a chur ar siúl. Timpeall agus timpeall faoi luas ag rothlú.

'Is amhlaidh do bhí an cheard agus corcán ar deil aige,' a deir Céitinn i *Trí Bhiorghaoithe an Bháis*. Is fada ón gCéitinneach anocht mé, sa seomra adhmadóireachta. Ní fada ó fhocail.

Gáinne – *gouge* – an bhunuirlis deileadóireachta, gáinne láidir agus gáinne scríobála. *Dart, goad* agus *javelin* an gháinne chomh maith i m'fhoclóir Sean-Ghaeilge. Gáinne a thug ar ais ar scoil mé don chúrsa deileadóireachta. Gáinne a bhain an cuas as an deasc scoile adhmaid, feire – *groove* – mar a luíodh an peann. Gan eatarthu ach má gháinne.

Ag dul i dtaithí ar na huirlisí atáimid, conas breith ar gháinne, conas lann chuasach na gáinne a chasadh chun an t–adhmad a scamhadh. Ní raibh muinín riamh agam as mo dhá láimh chun obair cheirde a dhéanamh, ach táim scamhaite chun foghlama, chun go mbearrfaí an mhímhuinín díom. Is maith liom breith ar na huirlisí sa raca leis an bhfalla, iad a láimhseáil, úsáid a bhaint astu. Ina dhiaidh sin amháin, ab fhéidir leis an ngáinne sciatháin a fhás.

Na séibhíní a bheith ag teacht den adhmad in aon sruth

leanúnach amháin an comhartha is fearr ar dhea-scamhadh deileadóireachta. Iad a bheith ag teacht leat, is dócha. 'Bhfuil sé ag teacht leat?'

'Deil chlis' ceann de chleasanna Chú Chulainn, *a spear or goad of some kind*. Níorbh aon ghnáthcheardaí é an Cú, ach gaiscíoch ab fhéidir leis léim a thabhairt as a chraiceann daonna. An bhfuil baint dá laghad ag ealaín le gnáthcheardaíocht, nó conas a thugann focail léim as a gcraiceann saolta faoi gháinne chlis an ealaíontóra? Mura bhfuil aon chraiceann saolta ag focail níos mó conas is féidir an léim sin a thabhairt? Léim isteach sa dúpholl é.

Ag an meaisín deileadóireachta, táim féin sásta bheith ag scamhadh leis an ngáinne, féachaint cén múnla a d'aimseoinn sa bhlúire adhmaid ag imrothlú. Feá an t-adhmad. É rófhriseáilte. Ní foláir d'adhmad deileadóireachta bheith stálaithe i gceart, bheith triomaithe amach. Deir mo sheanmháistir, Donnchadh Ó Luasaigh in *Adhmadóireacht Bhunúsach* go bhfuil an fheá nó an fáibhile go maith chun deileadóireachta. 'Baintear a lán úsáide as an gcroí-adhmad a bhíonn ann. Bíonn an t-adhmad crua, fadsaolach, agus mín ina chomhdhéanamh. Is féidir an 'snáithe geal' a fheiceáil ann.

Diaidh ar ndiaidh agus an bloc á scamhadh a nochtann an snáithe geal, bunmhianach an adhmaid. Níl aon chruth ceart ar an adhmad go fóill agam, ach múnlaí de réir mar a thagaid liom. Ag dul i dtaithí ar an uirlis atáim go fóill, tar éis an tsaoil. Is fada mé ón 'cor ndeled' nó 'cor deile' – an caitheamh a dheineadh Cú Chulainn ar an 'deil chlis.'

Púcaí peill adhmaid a mhúnlaíonn an teagascóir. Is mó is spéis anois liom iad in adhmad ná bheith ina ndiaidh sna goirt agus *altered states of consciousness*. Creidim anois gur ionann an dá thuras – isteach san adhmad, nó amach sa spás ar thóir an bhunmhúnla. Níl de dhifear eatarthu ar deireadh ach gur féidir do mheabhair a chailliúint, agus saol a chur ó rath ar thuras amháin acu; agus an bunmhúnla a aimsiú tríd an gceird a fhoghlaim ó bhonn aníos ar an turas eile.

Is geal liom umhlaíocht an teagascóra, fonn air a chuid scileanna a thabhairt uaidh, gan a bheith á ngabháil chuige féin amháin go leithleasach. Gur mar a chéile leis iad a bheith á dtabhairt uaidh agus iad a choimeád. An bhfuil slí ar bith eile ann chun iad a choimeád, ach iad a thabhairt uaidh ar chuma tuile easa?

Braithim gur ceird sheanda í seo, an deileadóireacht. Ag seasamh ag an deil, braithim go bhfuilim faoi scáth na seandachta. Ní hí an tseandacht mharbh í, ach an tseandacht bheo, an chuid ársa dínn atá riamh ann, seandacht na bhfocal a luíonn ar leathanaigh an fhoclóra ach ar féidir iad a chur ina mbeatha an athuair ag an deil.

*Charioteer's goad, or wand,* brí eile atá le 'deil,' a deir m'fhoclóir, *'originally a split piece of wood.'* Agus is geall le *goad* nó brod iarainn go minic an fonn a bhíonn ann chun focal.

Gheibhim amach ag an deil go dtéim féin ródhian ar an adhmad, agus mé ag scamhadh an iomarca de leis an ngáinne. Deil chaol gan tathag, cnámh lomtha droma adhmaid a bhriseann.

Ar chuma teanga, leis, go minic.

# Arán Laethúil

Arán donn laethúil a dhéanamh mo chúram. Ceiliúradh beag de mo chuid féin é, idir plúr garbh donn agus plúr mín bán. Comhoiread díobh. Spúnóg sóid. Crobh den bhran. Donn le donn agus bán le bán an riail. Ní bhaineann craos le comhábhair arán donn, ach toisí meáite. Molann tráchtaire Búdaíoch: 'Tabhair do mheon abhaile. Agus scaoil leis. Agus bí ar do shuaimhneas.'

Tugann arán donn mo mheonsa abhaile go dtí cistin tuaithe tráth bácála ar thine umhal mhóna. Carn luaithrigh tar éis na hoíche, agus teas deargtha sna caoráin ina lár. Tugann sé abhaile é go dtí builín bán a d'fhágadh na bráithre ar an mbord le roinnt ar theaghlach tráth cuartaíochta Domhnaigh ar Mheilearaí. Naprúin orthu agus buicéid chun na boird a ghlanadh, fuíoll bia do na muca. Tugann sé abhaile é chun a nádúir féin faoin mbruachbhaile.

Is geall le tús a chur le *cabaret* bácála focal é an paca plúir *oneway*. Is breá liom an focal *coarse* agus an focal *stoneground* go háirithe ar an bpaca, agus dreach seanchló orthu faoi mar a bheidís crochta idir salún agus óstán i mo Western. Tá siad aerach agus talmhaí in éineacht. Dheininn iontas riamh den bhfocal *oneway*. Ghabhaimis thar muileann na mbrónna, mar a mbídís ag meilt an phlúir, ar an tslí chun na cistine feirme i mo Western féin. *There's only one way outa this town mister, thataway....* Ní bhíodh de thagairt agam do *oneway* ach focail an Sheriff sna Westerns. Bhí an bóthar i ndiaidh an mhuilinn lán de dhroch-chúinní go dtí go mbainimis an *Bantry line* a bhí chomh díreach le slat amach. Shamhlaínn díreatas an Western le *oneway* agus b'ait liom *oneway* Iarthar Chorcaí a bheith chomh cuartha.

Ach, deir an *Oxford Dictionary* maidir le *oneway*:

> Applied to a kind of bread (see quot.) (*Obs*) 1620 Venner *Via Recta* .i. 18 Sometimes onely the grosser part of the bran is by a Searce seperated from the meale, and a bread made of that which is sifted, called in some places *One way bread*.

Is é is *searce* ann, criathar nó 'sairse' agus féach an focal Gaeilge tagtha ón mBéarla sa tseachtú haois déag chaith sé. *Obs*. atá ag leanúint an fhocail *searce* i bhfoclóir Oxford. Ach an focal *oneway* a leanúint, samhlaím gurbh fhéidir cuid de stair thionsclaíochta agus phlandála na muilteoireachta a aimsiú. Meileann muilte Dé mín réidh agus meileann siad garbh aimhréidh.

Ocht n-unsa den phlúr garbh sa mhias a fhuasclaíonn gach greim ón gcroí. Mar a chéile é agus glac gainimh na mBúdaíoch a ligean anuas ar bhord, gach gráinnín acu ag titim de réir a nádúir féin. Gan na calóga brain a dhearmad. Tá an plúr mín bán neamhthuartha, éagsúil. É fós ábhairín néaróiseach, caitear é a chriathrú agus é a chroitheadh go deaslámhach anuas ar an bplúr garbh, plúr na ngarbhánach. Focal é 'garbhánach' a thug cara dom ó cheantar na hAbhann Móire láimh le hEochaill. Na garbhánaigh a thugadh muintir an bhaile mhóir ar na tuathánaigh a lonnaíodh cois Abhainn na Bríde, agus a raibh Gaeilge acu de réir dealraimh. Braithim go bhfuil gaol aige leis an Garbhán i nDún Garbhán, agus féach gur Garbhán seachas Garbháin a deirtear sa chaint. Cith mín sneachta agus sód curtha tríd le spúnóg. Tá an plúr bán an-éilitheach.

An dá shórt a chur trína chéile, tirim, le spúnóg adhmaid, go rithimiúil ón taobh amuigh isteach go dtí an lár. Cleachtaíonn na Búdaígh *spaciousness* agus tá a mbuntuiscint siúd fréamhaithe ó nádúr san fhocal 'scóipiúlacht' – ardmheanmnach, nó bíonn duine 'scóipiúil' lena chois. Bíonn daoine scóipiúla ann. Bhí comhthionól scóipiúil grámhar ann sa Western úd. Bhaineas leo. Tadhlaím a meon arís, á chur trína chéile, plúr garbh donn agus plúr mín bán gan tuaradh.

Ansin an bhláthach. Bhíodh leathbhairille bláthaí ar an ardán os comhair an scióbóil. Faoin aer gan aon chlúdach air. Scartha, ina gruth agus ina meadhg. Mugaí bláthaí do thinneas póite. Shiúlódh sé amach asat. Dhá mhuga anois don dá phlúr trína chéile. An muga ar iarraidh. Tugaim buille faoi thuairim ach bíonn a fhios agam láithreach go bhfuil sé rófhliuch. An áit a théim amú i gcónaí, é bheith róthirim nó rófhliuch. Ní hé é bheith foirfe atá uaim, ach é bheith ann. Fós féin, is gá bheith aireach, *mindful* mar a thugann na Búdaígh air nó 'meabhraíoch' mar is fearr liom féin. Meabhraíocht an focal agam ar *mindfulness*. Easpa meabhraíochta. Tá sásamh éigin a bhaineann le súgradh ar an trá le gaineamh agus uisce, sa mheascán fliuch a chruinniú le spúnóg adhmaid.

An stán smeartha le hoíle bhealaithe. An t-oigeann te. An slaimice a líonadh sa stán. Ligint dó a fhíor nádúrtha féin a bhaint amach. Cros a ghearradh mo mháthair ann. Isteach leis. Ligint dó.

I mo shuí, cruinním arís na caoráin i mo mheon, 'cadhráin' a deireadh mo mháthair, díreach mar a dheineadh sí tine mhóna a lasadh, á mbailiú go foighneach ceann ar cheann le tlú, ag glanadh amach gríosach na maidne do thine an lae. An císte arán donn sa *bastable* – ainm déantúsaíochta an oighinn - os cionn na tine, lasracha na tine imithe in éag ach foirnéis ina lár, na caoráin ar an gclúdach ina mbruth teasa anuas leis.

Tar éis do na caoráin a dteas a thabhairt uathu, an císte a iontú as an oigheann agus é in am a chnagtha. Cnag úd an tsásaimh, agus go bhfágtaí ar leac na fuinneoige é ina bhurla teasa ag fuarú in éadach cistine. Druid ina haice arís, nuair a fhuaraíonn.

Druidim ina haice.

Tá na manaigh ag freastal orainn idir anam is chorp, lena dtráthanna paidreoireachta, lena gcuid aíochta, lena gcluas le héisteacht. Tá an rialtacht saoil – an bheatha chrábhaidh – ag fónamh dóibh; snua na sláinte ina gceannaithe, gealas sna súile, agus meon aigne scóipiúil a bhaineann le haer an tsléibhe agus céir an chlabhastair.

Tugaimidne, cuairteoirí, an saol isteach sa mhainistir linn ar ár sála. An cúlú sin ón saol amuigh a bhraithimidne orthusan, agus a mheallann chucu sinn ar nós maighnéid, braitheann siadsan an saol amuigh greamaithe dár gcuidne éadaigh, agus a mheallann chugainn iad.

'An fíor,' arsa an manach, 'go bhfuil an trácht méadaithe faoi dhó le deich mbliana?' Táimid suite ag déanamh mionchainte, na málaí ar an urlár, agus sinn ag fanacht le heochracha.

'Faoi dhó?'. 'Faoi thrí, nó faoi cheathair. Trácht ar fad is ea saol na hÉireann ó mhaidin go hoíche.'

'Agus cén fhaid a thóg sé ort teacht ó Bhaile Átha Cliath?'

'Ceithre, cúig uair a chloig. Níl aon bhaile in Éirinn, fiú Tobar a' Choire, nach bhfuil a *traffic jam* féin anois aige ar an Aoine.'

Ba mhil lena anam a bheith ag caint ar thrácht, ar an bhfuadar amuigh. Dob fhéidir a chuid smaointe díomhaoine a shamhlú ag dul ar meisce le bolaithe *exhausts*, ag éirí stánáilte le caochadh na soilse, nó ag éirí mearaithe le heascainithe-faoi-anáil na dtiománaithe.

'Bíonn ár ndóthain trioblóide againne leis, anseo, ó bhligeardaithe agus caithimid na doirse a chur faoi ghlas. Ach tiocfaidh tú isteach air.'

Socraímid isteach chun an bhoird i dteannta a chéile, cúigear ar scuab crannchur an tsaoil isteach sinn i dtearmann na mainistreach. Scuabgheall is dócha. Pé rud a thug isteach sinn, éilíonn an béile coiteann go bhfágfaimis lasmuigh de dhoras é agus go ndíreoimis ar an arán idir lámha a roinnt. Ní caint ghasta ach béile a bhlaiseadh go hiomlán atá fúinn, nós is deacair ag Éireannaigh. Bogann na hancairí atá greamaithe amuigh sa saol, diaidh ar ndiaidh i gcaitheamh an bhéile, agus tosaíonn gaoth éadrom na mainistreach ag puthaíl inár seolta. Tuigimid, gan é a rá, go bhfuilimid anseo ar chúis éigin agus go bhfuilimid i bpáirt le chéile dá bharr. B'fhéidir, ar deireadh, go raibh daoine riamh ann a n-éiríodh an saol róchasta dóibh agus a chaithfeadh bheith istigh a lorg chun bheith istigh leo féin.

Thagaimis ar cuairt anseo tráthnóntaí Domhnaigh fadó inár leanaí dúinn. Ba chuimhin liom riamh an bhollóg aráin a leagtaí ar an mbord chugainn, é te amach as bácús na manach. An bhollóg ba mhó a chonac riamh ná ó shin, sliabh aráin chruithneachtan.

Chonaiceadar ag teacht sinn, an treibh againn. An t-arán ba chuimhin liom, na hógánaigh faoina naprúin ghorma ag glanadh na mbord inár ndiaidh le buicéid, an síntiús de réir acmhainne don mbéile. An t-arán. An t-arán a thug ar ais mé.

Comhluadar críonna é ach scuabann siad isteach faoina gclócaí bána agus a bplaitíní maola ag na tráthanna paidreoireachta. Pribhléid é bheith i bpáirt leo. Tá canúintí cainte coinnithe slán acu fiú, tuin shaibhir na dtuathánach ar a gcuid léitheoireachta, tuin níos oilte ar a gcuid cantaireachta. Glacann siad sos idir abairtí, rithim rotha a saoil ag moilliú ár n-aigne féin agus sinn ag éisteacht leo. Gnáthmhuintir an tsléibhe istigh mar phobal, aoirí gabhar agus caorach á n-aoireacht iad féin ag na manaigh. Go dtí go moillímid féin anuas, ní thuigimid cén luas le buile an tsaoil a bhí fúinn amuigh. Bhí tráth ann a raibh eolas agam ar chomhluadar saoil a chleacht gnáthshaol a bhí gaolmhar le saol na mainistreach. Fiú istoíche, suite ag an tinteán ag cabaireacht, braithim é. Ag caint ar chúrsaí feirmeoireachta, prátaí síl Thír Chonaill, atá an manach. Agus ar óstáin Bhun Dobhráin. Ó! Meaisíní leathláimhe Bhun Dobhráin agus a chuid potaí collaíochta! Botún mór é a cheapadh nach bhfuil tuiscint ag na manaigh ar an saol.

Is é atá roghnaithe acu ná bheith grámhar, níos túisce ná aon rud eile. Toisc go dtugann siad gach lá den saol ag foghlaim an bháis. Níl sé seo aon phioc sceirdiúil. Níl siad i ngrá le mortlacht, ach leis an mbeatha ar gné dhi an mhortlacht inti féin. Creideann siad san aiséirí. An é, á thuiscint sin dóibh, go mbíonn siad lán de ghrá toisc go seasann siad isteach agus amach as an mbeatha shíoraí? Chomh laethúil le siúl isteach is amach as an gcistin, gréithe a ní, arán a sholáthar, agus a roinnt ar an mbord? Laethúlacht an lae an eochair.

Ní scuabann an ghaoth ón sliabh an meangadh dá gceannaithe, faoi mar a ghlanann sí a n-ainmneacha ceann ar cheann de na croiseanna iarainn sa reilig lasmuigh d'fhuinneog.

# Fíor-Thuaidh

Más loingseoireacht atá ar bun agam, mar atá go fírinneach, is é sin conas cúrsa a phleanáil, a rianadh ar chairt agus a leanúint ar muir, gné eile den fhionnachtain shíoraí teanga lena cois í. Bímid ag tóch uillinneacha fochaisí focal leis, a luí, a bhfolach, a seasamh agus a n-airde triomaigh san uisce.

Riamh ó lonnaigh an nath *True North* an athuair i mo ghoile, theastaigh uaim a thuilleadh taighde a dhéanamh ar an treighid mhaidine sin a bhraithim go rialta agus mé ar tí dul i mbun scríbhneoireachta. Bhí tráth ann go dtabharfainn tnúthán ar an treighid sin, nó easnamh a chaithfí a líonadh, ach tuigtear anois dom gur cheart fanacht inti agus ligint di mé a thabhairt léi lena sruth. Tar éis an tsaoil, b'fhéidir nach bhfuil inti ach *surge* mar a deir mo lámhleabhar loingseoireachta '*a rise or fall in the level of the sea caused by a change in atmospheric pressure*.' Is dócha gur borradh is ea an *surge*.

'Loingsigid', briathar na SeanGhaeilge is ea '*exiles, banishes...goes into exile*' agus braithim go bhfuil baint ag an treighid úd lena leithéid, le bheith beo. Díreach é. Ar shlí, níl sa loingseoireacht agamsa ach iarracht ar chúrsa úd na 'loinsigid' a léiriú agus a phlotáil. Tá an focal 'loingseach' i nuaGhaeilge an fhoclóra ar '*wanderer, exile*.'

Tá feidhm phraiticiúil léi áfach. 'An treo fíor ó thuaidh' atá san fhoclóir téarmaíochta ar *True North* ach ní foláir liom é sin a chiorrú go dtí Fíor-Thuaidh. Fíor-Thuaidh an bunrud, a insíonn dúinn cá bhfuilimid ag dul más ó dheas féin mo mhian. An tíreolaíocht, an triantánacht agus an chéimseata a dingeadh ionam fadó, táid ag athmhúscailt go háthasach faoi chló nua i línte domhanleithid agus domhanfhaid, in uillinntomhais, i línte graif a rianaim ar chuar na dtaoidí. An bhreacthuiscint a bhí agam ar rabharta agus ar mhallmhuir, pictiúr i mo chás-sa de Thráigh Chlochair i gCorca Dhuibhne, táim á dtuiscint an athuair faoi ghné na loingseoireachta. Ní hamhlaidh a mhúchann na tuiscintí fíriceacha sin an tsamhlaíocht, ach cuireann siad bonn eile fúithi chun treo eile a ghabháil.

Fós, táim lán d'aineolas agus d'ainbhios. Dá dtuigfinn méid an aineolais sin, ní chorróinn lasmuigh de thairseach. Maith nach dtuigeann! Conas is féidir méid ár n-aineolais a thuiscint mura dtugaimid faoi pholl a chur ann?

Chomh maith le heolas a chur ar thaoidí, ar chomharthaíocht loingis, ar airde tithe solais agus ar a gcuid geonaíle agus buinneánaíochta, ar mhionscríbhinní na gcairteacha mara, ceann de na buncheisteanna síoraí sa loingseoireacht is ea 'Cá bhfuilimid?.' '*A navigator is never lost but he may be unsure of his position,*' a deir mo lámhleabhar. Níor tuigeadh riamh dom go mbeadh an mhionfhoighne ná an tsocracht meoin agam is gá chun dul ag plé le marcanna cartagrafaithe an British Admiralty, ach má tá an t-anam ag brath ar shaincheird coimeádfar léi.

Chomh maith le bheith riachtanach ar an bhfarraige, is ancaire don tsamhlaíocht agus sásamh aigne thar aon ní an loingseoireacht. Ritheann an focal 'aigeanta' liom – *spirited* – agus an focal aigeantacht ina dhiaidh sin. Cé go ndeir an foclóir gur *spiritedness* is brí le 'aigeantacht', is é a thuigim féin leis ná *mindfulness*.

Focal breá eile ar aigeanta nó ard-aigeanta is ea scóipiúil, ach is deise liom an focal aigeantacht sa chás seo. B'fhéidir nach aon fhocal amháin atá air, ach scata focal. Dála an scéil, diall atá san fhoclóir ar *deviation* an chompáis, ach deir an foclóir SeanGhaeilge gur *moral aberration* is brí leis.

Ar shlí eile, is é atá sa loingseoireacht agam ná iarracht ar an saol traidisiúnta is eol dom a chur i leith an tsaoil mar atá. Níor chuas ar an bhfarraige puinn le loingseoirí na Gaeltachta ach seasamh guala ar ghuala leo ag féachaint amach uirthi. Fós, bhraitheas a scóipiúlacht. Bhí a samhlaíocht siúd ar ancaire i saol mara a chaith soláthar dóibh agus braithim féin gur rómhinic nach mbíonn an taca san le saol na samhlaíochta, ach saghas fámaireachta gan dealramh. Ní hionann fámaireacht agus loingseoireacht. Nílim ach i dtús an chúrsa, ach braithim go bhfuil baint aige an tráth seo de mo shaol, le cartagrafaíocht chúrsa an bháis leis.

B'fhéidir gurb in tús agus deireadh Fíor-Thuaidh.

'Féileacánaíocht' a thug sí ar fhormhór na filíochta a bhí á scríobh. Thaitin féileacáin léi sa tséasúr, ach níor luigh aon dólás riamh ar sciatháin an fhéileacáin.

Chaithfeadh filíocht déileáil le dólás, le brón; chaithfeadh cuair na filíochta teacht as an gcorp, a bheith collaí agus dólásach. Tháinig an focal *'douleur'* óna béal, a súile, a cosa, amach as a lár. Níor tháinig sé óna ceann. Bhí sé lánchollaí, fuilteach, feolmhar, beomhar. Níor ghá di aon fhocal eile a rá. D'imigh sí.

Bhíos ar tí *'l'amou*r' a rá, go raibh baint ag an dólás úd leis an ngrá, ach bhí sí imithe.

Í gealgháireach, suáilceach, ach an lionndubh sin arís os cionn a gáire, sna súile os a chionn. Níor aon fhéileacán í féin, ach seangbhean ag iompar a cuid dóláis go mómhar, grástúil lena gluaiseachtaí coirp. Murab ionann agus bean faoi ualach cléibhe nó ag iompar ciseoige. Tá ualaí agus ualaí ann. Luigh an dólás uirthi chomh héadrom sin is gur bhreá leat a rá léi é a thabhairt duit le n-iompar. Níorbh aon bhúcla den fhaisean ach oiread a cuid dóláis, ach é á chuachadh i gcuair a coirp mar a dheineann rinceoir *ballet*. Bhí sí imithe. Ach leath cuilithíní na gcuar ar feadh i bhfad ina diaidh.

Ag siúl romham cois abhann chonaic cuair i ngach áit, faoi mar a bheadh ceartú déanta aici ar néaróg na físe. Cuair chaismirneacha na habhann a mheall mé fadó agus a leanas. Cuair na mbraonacha ag stealladh ar an uisce. Cuair shráideanna na cathrach, iad líofa go haiceanta ag uisce. Cuair chuaracha cúinní. Cuair dhíreacha línte. Cuair chruinne. Cuair leathchruinne. Cuair uisce ar chorann. Cuir easa. Cuair solais i bhfuinneog. Cuair na naomhóg.

Cuair a fhilleann orthu féin. Cuair nach mbaineann faic amach ach cuair. Cuair íor na spéire. Cuair na súl droichead. Cuair chollaí corp. Cuair na ndeor. Cuair áthais. Cuair gháire. Cuair mhianta. Cuair chainte. Cuair na gcnoc. Cuair fáis. Cuair eitilte. Cuair shnámha. Cuair aislingí. Cuair lúbtha na daonnachta ar bhinse ag fulaingt. Cuair na bhfón fánach.

An iad na cuair sin a bhíonn dealbhadóirí agus péintéirí ag iarraidh a fhuascailt i dtírdhreacha agus sa daonnacht? Tá cuair dhraíochtúla i gceol. Ag féachaint ar íor na spéire i gConamara dom lá, Sceilg Mhichíl ag nochtadh ar an íor trí Oileáin Árann, chonac cuar Bhréanainn, mullaí na gCruach Dubh. Ar éigean a ghéilleas do radharc mo shúl. An té a bhí i mo theannta, thóg sé amach rialóir miotail agus tharraing línte díreacha ar mhapa ón áit a bhíomar inár seasamh go dtí na mullaí, an chruach, agus Sceilg á chruthú lena línte díreacha gurbh fhéidir iad a fheiscint. Pé slí a bheir ga gréine orainn, chonac iad ag scinneadh aníos ar muir trína rialóir miotail.

Na 'físeanna' a chonaiceadar fadó, na sprideanna agus na hainsprideanna, táid ar fad ann fós le feiscint ach gan an ceann a chailliúint mar gheall air. Den aon mhúnla amháin an cuar agus an líne dhíreach. Caitheann nithe a gcruth a choimeád, ar ancaire ina ndeilbh féin. Nuair a dhiúltaigh Caoilte Mac Rónáin fanacht le Tuatha Dé Danann, dhiúltaigh sé glacadh le deilbh na sí: 'Agus ní ghlacfaidh, ach an deilbh is dual domh' faoi mar atá an insint álainn i *Seanchas na Féinne* le Niall Ó Dónaill.

Tuigeann Tuatha Dé Danann dó, á dhearbhú gur 'guth fíorlaoich sin, ach ní bhfaighidh tú do leigheas gan chairde.' Tá bua ag Caoilte Mac Rónáin nach bhfuil ag an slua sí: breithiúnas ar ghnóthaí daonna. An tsíocháin a dheineann sé le clann mhac Rí Uladh atá ag imirt díoltais ar Thuatha Dé Danann, a thugann seasamh dó ina measc; a osclaíonn geataí an téarnaimh dó. Gabhann sé trí chruachás coirp, fuilghlanadh. Ceol éanlaith Thír Tairngire i dteannta an cheoil ag Cas Corach a thugann a lúth agus a neart ar ais dó, agus téann sé ag snámh ina dhiaidh sin ar an eas – poll snámha an lae inniu.

Samhlaíocht iomlán chuarach atá san Fhiannaíocht, ar chuma shamhlaíocht an Oirthir. Lucht *Samurai* na hÉireann iad na Fianna, agus iad chomh lán céanna de dhaonnacht. Gluaiseann an tráchtaireacht i gcuair. Bhí gaois mhór ag na seanchaithe agus ag na scéalaithe a d'fhág a rian ar an bhFiannaíocht. Thuigeadar go bhfuil an chothromaíocht idir an saol daonna agus saol na sí guagach agus gur fuirist dul i bpoll eatarthu araon. Thuigeadar gur tríd an gcreat daonna a thagann aon léargas, agus gur mianach 'fíorlaoich' is gá idir anam agus chorp chun déileáil leis an léargas sin. Ceann de na cúiseanna go bhfuil drugaí síceatrópacha easnamhach ar deireadh, nach guth 'fíorlaoich' a bhíonn mar thoradh orthu.

Ionann agus cuair na mná a dúirt an focal *douleur*, agus gur leis an saol mór na cuair nach cuair chollaí amháin níos mó iad, ach cuair an bhróin ar aon chuar díreach le cuair an ghrá.

An mullán raithní casfháis. Fím mo mhéireanna go deaslámhach trí na scotháin fhliucha, fréamhaithe thíos sa scailp. Mo chuid gluaiseachtaí moillithe mar atáid, faoi uisce. Gan anseo ach scailp amháin de scoilteanna iomadúla na haolchloiche, cnámharlach ársa na mara, dríodar cruaite na milliún bliain. Rianta an oistéapóróisis ar an gcnámharlach ón mbáisteach agus ón muir ag polladh, ag cur faobhair suas ar an aolchloch, á teascadh ar deireadh. Cnag toll iontu agus iad teasctha, an smior súite astu.

Dorn cré faoin mullán ag coimeád beatha leis an raithneach, an dúchosach fáiscthe go docht sa scoilt. A dhlúthfháiscthe atá sé le foinse na beatha. Murar caonach fliuch, seachas cré, sa lámh é. Uaidh sin isteach agus síos, broinn beatha na haolchloiche. An lámh oilte amháin a shroichfeadh go dtí í. An mullán raithní teann agus súpláilte san am céanna faoi mar atá cuas na láirige faoina bhun. Inár slibirí sleamhaine dúinn. Aon ní a bhfuil mianach an uisce ann, é súpláilte ar nós tuigí. Fím cliabh raithní le mo mhéireanna tuigí.

'Tae scailpreach,' a deir Robinson *Stones of Aran* a chuala sé á thabhairt ar an raithneach seo, leis. *Adiantum capillis-veneris*. '*I imagine it was the appearance of its sere and shrivelled fronds in winter that made people think of the craved-for drug.*' Murab ionann é agus 'lus an chorráin.' Ach *Asplenium trichomanes* é sin. 'Tá *Asplenium marinum*, atá níos mó ná seo agus le droimín glasdonn, le fáil ar charraigeacha cois farraige.' Ní féidir gurb ionann. Ghuítí 'rath na raithní' ar lánúin nuaphósta toisc go mbíonn 'dhá scothán déag i ngach tor raithní' agus na milliúin spór ar gach scothán', *Flóra Chorca Dhuibhne*. Dhóití na scotháin de raithneach Mhuire an tráth seo bliana agus choimeádtaí an luath chun línéadach a ghealadh.

Tumaim mo mhéireanna sa tom bog, mo chorrmhéar sáite go daingean ina lár. Tá a chuaisín mion-aeráide féin aige san aolchloch atá ag cruinniú teasa ón ngrian. Pé teas atá ag imeacht gheobhaidh sé seo é. É mar a bheadh mionteach gloine. Rianta dubha ar mo mhéireanna agus boladh goirt an tsalainn uathu. Blas goirt an tsalainn ar mo liopaí. Leadhb an ghadhair go deimhin. Táimid débheathach, ar nós na bhfroganna agus na gcrogall a mhaireann san uisce agus ar talamh. Chailleamar ár gcleachtadh débheathach ach níor chailleamar an mianach. Oiread dínn a bhaineann le saol an uisce is a bhaineann le saol na talún. Deacair an dá shaol a dhealú óna chéile. Is é an t-aon saol amháin é idir na huláin fhairsinge aolchloiche agus an mhuir ó Scailp Bhrady go Trácht Míl. Ba dhóbair don mhuir triúr a thabhairt chun siúil cúpla seachtain ó shin. Tonn a scuab amach as an mbád iad. Greim fáiscthe acu ar an líon agus ar na coirc. Fear eile a chuala, agus a chas, a tharrtháil iad. I líonta Dé go gcastar sinn.

'Báthadh beirt' a dúirt fear an oileáin agus é ag tagairt d'eachtra eile, agus pé slí a dúirt sé é, bhraithfeá go rabhadar báite. An dá 'b' ag teascadh na beatha, ar chuma éigin.

Thángadar ar an mullán ársa, Cnoc Raithní, nuair a leag stoirm na carraigeacha mórthimpeall air. Fianaise na beatha ársa, BC. Fianaise na beatha comhaimseartha an *yawl* nua as an bpíosa - Naomh Gobnait - atá tógtha ag ógánaigh an oileáin. Í feistithe i mbratacha agus seasta ar leantóir cois na trá, is ráiteas mórtais agus píosa ceardaíochta in éineacht í. Albanaigh a mhúin an cheird dóibh in Inis Mór an chéad lá, agus tá cur síos ag Hamit nó Seán Ó hAo sa leabhar *Seanachas ó Chairbre* air, (Albanaig i gCill Rabhnáin, lch. 579). Bhí sé ag obair ag Bord an Iascaigh mar a thug sé air:

> Bhíos thiar-thuaig i nInis Muar, Contae na Gaillí – áit
> go dtugaid siad na hAran Islands air – i gCill Rabhnáin,
> agus do bhí deich duine agus dathad d'Albanaig ann, a'
> tiospeáint dóibh conas iascach a dhéanamh. Do chuas
> ann i gcorp a' Mhárta – chuir a' Bórd ann me – agus
> do bhí duine acu ósna Hebrides. Agus do bhí sé ag dul
> chun farraige i mbáidín agus do bhí na seola crochta
> aige, agus do bhí gach aon bhoithliú aige an téad a scaoil
> don phosta. 'Scaoil a' téad! Scaoil a' téad! Scaoil a' téad!'
> Níor thuig éine do mhuintir an oileáin ná do mhuintir
> Chill Rabhnáin é.

Níl baol ar bith ná go dtuigfidís inniu é.

Ag casadh ar an mórthír ón oileán is ea a thuigim go dearfa go rabhas thar lear i mo thír féin.

Múchaim an raidió agus fágaim a cuid téarmaí féin faoin gcistin. Moill is ea tost.

Ní haon am amú é, amú a dhéanamh ar an uain. Tá an t‑ubh sa phanna ar an gcócaireán, an t‑amadóir leictreonach digiteach ar siúl. Beiriú trí neomat, an buíocán bog. An t‑arán sa tóstaer. Gan aon fhocal ar 'wholegrain' murar lánghrán é. Arán lánghráin is ea é más ea. Is géar a theastódh sciúradh ón iarta criaga. Le glantach scríobach agus snasán ina dhiaidh. Tá deireadh le ré na slisíní bagúin a ghriolladh, gan trácht ar an ngníomhaí coiscthe speatrála ar an ngreille féin a bheith le glanadh ina dhiaidh.

Siúlann sí chugam isteach gan aon suaimhneas mochmhaidine a thabhairt dom, fiú dá mbeinn á lorg....rianta den uachtar coipthe a bhí á ghreadadh aici leis an ngreadtóir ar a beoldath gléisithe, sála arda stílíní fúithi a fhágann marcanna dofheicthe ar an urlár clár, a gluaiseachtaí rinceora ag nochtadh uamanna na muinchillí laistigh faoina cuid ascaillí, gan rian aon ní ar líne na gcromán aici. Ó, is í m'ábhar righnithe í! Dhreapfainn ar feadh na síoraíochta ar a cuid greamanna dréimire, gan barr a gasphónaire a bhaint amach go deo.

'An ndúnfá an sip ar mo chúl dom?' Téann a déada snasta go smior ionam mar a dhéanfadh scian díchnámhaithe.

'Nach luath atá tú ag scaoileadh faoi?'

'Dún é.'

Tarraingím a sip suas ar feadh chnámh a droma, a scoilt lárchúil ag iamh go seolta faoi mar a bheadh an uirlis daingniúcháin aeroibrithe. Thabharfainn an lá ag gabháil de, ag sciorradh ar a fáisceán, ligfinn don ubh cruabheiriú fiú. Braithim m'uirlis daingniúcháin féin ag cruabheiriú fiú.

'Lig dom anois, a chladhaire an díomhaointis. Cár fhágas an lasc?'

Ó, m'*entrée* sa scoiltoscailt! Tá mo dhóchas chomh lán d'aer le taosrán blaoscach, nó taosrán mearmheascáin, agus é bailithe leis ina phuth-thaosrán nuair a fheicim gur ceann de dheiseanna duasheachanta leictreacha na cistine atá sí a lorg.

'Taobh leis an mionbhruar a bhí againn inné.'

'Cén áit?'

'Ansin, taobh leis an stán éadromóg.'

'Ba cheart na huirlisí áise a chur ar ais sna cupaird agus gan iad a bheith caite timpeall ar nós Aonach an Phoic.'

Ní fhéadaim mo shúile a bhaint dá línte. Líne an bhrollaigh. Línte ceartingearacha. Línte cothrománacha. Línte nua-bhunaithe na gcromán. Línte na bhfáithim-ghreamanna a ghreamaíonn mé de mo shuíochán i mo bhríste géineach atá ag teannadh mo phacaí géineanna. A línte oiriúnaithe go léir, léir, ina gúna rabhaiscshíoda, teannchraicneach, a fhágann rian reoán bréaguachtair ar mo liopaí scolbtha.

'Tá sé deacair teacht ar aon ní sa chistin seo nuair a bhíonn sé ag teastáil go práinneach.'

'Cad chuige an lasc?,' a deirim.

'Don anlann manglaim.'

'Ó' arsa mise go díomách. 'Mheasas go rabhais chun stiallanna gualainne a chur fiarthrasna ar an bhfeoil an athuair. Is breá liom an súlach a thagann astu agus iad ag róstadh.'

'An bhfaca tú an fáiscire in aon áit?'

'An fáiscire líomóide? Ná raibh sé agat aréir ag déanamh fuisce te?'

Braithim a gáire ag leathadh ar fud na cistine mar a bheadh leathadán ciúin.

'Cár leagas uaim an scian scórtha?'

Is gníomhaí ardúcháin gach aon fhocal as a béal.

'An bhfaighfeá an plúr éiritheach amach as an gcófra dom? Tá deabhadh amach orm. Bíonn obair le déanamh ag cuid againn.'

Tá m'aird iomlán ar a cuid uamanna. Tá a cuid uamanna uaim, go háirithe na sliotáin eatarthu. Oiread acu is atáim ábalta a ainmniú. Uamanna francacha. Uamanna rádaile. Uamanna oscailte. Uamanna forluite. Uamanna reatha agus fáithime. Uamanna múnlaithe agus neamh-mhúnlaithe. Taobhuamanna. Thíos-uamanna. Thuasuamanna. Uamanna filltíneacha. Uamanna lasca.

Is aoibhinn liom an siosadh ag an líneáil shínteach aici ar fud na cistine. A muineál scúpchruthach. A glór maranáidithe maidine. Chuirfinn an t-amadóir 'moill air' ar siúl féin di. Mhúchfainn an t-ubh agus an tóstaer.

Is gearr go mbíonn an anlann righnithe aici. Is é an t-aon ní a fhágtar righnithe sa chistin ina diaidh é. Tugann sí a haghaidh amach ar a lá faoina sála stílíní, agus mo chuid fantaisíochta galaithe, bailithe.

Clingeann an cócaireán micreathoinne. Pingeann an t-amadóir. Bainim an panna den iarta criaga. Is géar a theastódh sciúradh uaidh le glantach scríobach agus snasán.

# Pánaí Gloine

Níor thugas faoi deara go dtí ar maidin, agus solas na gréine ag sileadh tríd an bhfuinneog, go raibh na pánaí gloine faighte chomh brocach. Pé áit a bhíos. Tá fómhar na ngéanna déanta aige go Nollaig, geall leis. Táim ar ais sa chistin, i mo shuí ar aghaidh na fuinneoige úd. Ag iarraidh a bheith istigh liom féin. Spotaí bána, putóga cuileog, gréis ón sorn ar na pánaí. Go hobann, ritheann díoscán ghlantóireacht fuinneog chugam, mo mháthair ag burláil an *Echo* á rá gur páipéar nuachta agus uisce ab fhearr ar fad chun fuinneoga a ghlanadh. Mianach éigin ceimiceach a bhí sa pháipéar nuachta a deireadh sí a deireadh Jim Benson ó oifig an *Examiner*. Bhíodh údarás seanchais i gcónaí aici, mura mbíodh sé eolaíochtúil féin, dá cuid ráitisí. Shroich an gréasán seanchais ar fud na comharsanachta, ag fí sráideanna, ag sníomh snáithíní na daonnachta. An caidreamh úd i mbun na bhfuinneog a shantaím an athuair, ise seasta ar chathaoir amuigh sa tsráid, mise ar mo ghlúine in airde istigh, agus tráchtaireacht reatha ar bun againn eadrainn ar an saol trí liopaí scartha na bhfuinneog. Díoscán na mburlaí nuachtán ag glanadh na smearthaí de na pánaí eadrainn, ar chuma seanveidhlín á scríobadh.

Ar nós paidreacha, is é an cleachtas an rud. Deinim burlaí de na leathanaigh nuachtán agus tugaim faoi. Deir *Nod don Eolach* i dtaobh néara-tharchuradóir (*neurotransmitter*): 'Is é sin:

ceimiceán ar leith san inchinn. Iompróir comharthaí is ea an néara-tharchuradóir. Is iad na háiteanna a n-iompraíonn sé na comharthaí sin: trasna na sionapsaí san inchinn, nó idir néaróin sa néarchóras, nó sa cholainn i gcoitinne idir néaróin agus matáin, nó idir néaróin agus faireoga. De cheal dopaimín tagann aicídí áirithe inchinne ar dhaoine.' B'fhéidir gur dopaimín san *Echo* a chuireadh muintir Chorcaí ag seinnt.

Deir *Nod don Eolach* i dtaobh tonnteoiric (*wave theory*):

Ach fuinneamh a fhorleathadh trí bhíthin creathanna de shaghas ar bith, is tonn a bhíonn ann. Is é a dhála sin ag an bhfuaim, agus ag na tonnta raidió é. Thabharfá leat as an bhfisic chandamach go mbíonn airíonna na toinne ar an gcáithnín fo-adamhach, agus airíonna an cháithnín ar an bhfótón tonnach. 'Déacht toinne is cáithnín' a thugtar ar an bhfeiniméan sin, agus is léargas bunúsach é ar nádúr an damhna. Eiseamláir gharbh chomónta den fheiniméan sin is ea é gur leor de chur síos ar an solas 'cáithnín' a thabhairt air i gcúrsaí na hoptaice geoiméadraí (lionsaí agus scátháin).

Tar éis na pánaí a ghlanadh leis na nuachtáin, sileann an solas tríothu arís gan má gáinne. Agus na pánaí glanta, is tráth paidreoireachta arís é; ní tráth focal. Conas is féidir paidir a rá? Deir John Main ina chnuasach trí leabhar *The Inner Christ* gur ag Naomh Pól atá an freagra: 'Mar ní heol dúinn conas an ghuí féin a dhéanamh mar is cóir ach déanann an Spiorad idirghuí ar ár son le hosnaí nach féidir a chur i bhfocail.' Saghas *Nod don Aineolach* an méid sin. Murar féidir linn féin guí a dhéanamh, an éiríonn leis an Spiorad guí a dhéanamh ar ár son, ach a bheith i láthair ar a shon?

Bíonn dhá shaghas tráchtaireachta ar bun ar an saol, iad comhuaineach, comhthreomhar, ceann acu a éilíonn síor-aird ar an saol agus ceann eile a éilíonn aird ar an ngníomh féin ar mhaithe leis féin - *selfless attention* mar a thugann John Main air agus an file W.H. Auden á lua aige. Más aon chomhartha ar éileamh na paidreoireachta é a bhfuil de cheannach ar *The Glenstal Book of Prayer* (The Columba Press), tá na mílte duine ag taisteal ar chonair na paidreoireachta. Tá Lúireach Phádraig ann, achainí ar Chríost atá an-dealraitheach leis an gcineál paidreoireachta a deintear in Eaglais Chríostaí an Oirthir agus a d'imigh ar lár i dtraidisiún an Iarthair. Ceann de na tréithe is áille sa traidisiún Gaelach nár chuaigh an mianach sin ar lár riamh ann, go háirithe i gcuid de na paidreacha dúchais agus fiú san fhilíocht ón luathré Chríostaí. Ní fheadar an gcoinníonn teanga dúthracht éigin anama slán gan cháim, agus faoi mar a éiríonn leis an Spiorad guí ar ár son, an dtosaíonn teanga ag paidreoireacht chomh maith céanna beag beann orainne?

Is cinnte go bhfuil cuid de na freagraí is bunúsaí ar chás an duine ag na Beinidictigh, pé acu John Main nó Bede Griffiths nó leabhar Ghleann Staile é. Tá cuid de na freagraí is bunúsaí, leis, ag an eolaíocht. Níor ghá go mbeidís ag teacht salach ar a chéile.

Glanann siad na smearthaí de na pánaí céanna gloine.

# I mBun na Leanaí

Táim i mo shuí rompu. Suaimhneas sa tigh faoi shuan. Gan é a seacht fós. Cuma mhaith ar an spéir. Uain léitheoireachta don lá. Ceol clasaiceach ina thionlacan leis an gciteal ar mhinicíocht RnaG. An gadhar a scaoileadh amach. Socrú síos sa chúinne leis an leabhar agus leis an tae ar chuma aon seanmhadra.

Osclaítear doras an tseomra go grágach. Nochtann lámh. Táthar chugam. Gan sánas ar bith. An garsún seacht mbliana ina phitseamaí.

'Bhí fonn orm piúcáil sa leaba.'

'Ná dúisigh do dhearthair in ainm Dé. Bhfuil pian ort?'

'Tá piúc im bholg.'

'B'fhéidir go gcuirfidh tú díot é má luíonn tú síos arís ar an tolg.'

Níl sé a seacht a chlog fós. Níl éinne éirithe. Féach amach ar an lá. Faoi mar go raibh baint ag an am de ló le tinneas boilg. Imní éigin, nó breoiteacht, cé acu? Síneann siar ar an tolg faoi phluid. Ciúnas arís. Breith ar an leabhar. Breall mór an lae é leabhar agus cúram leanaí.

'Piúc ag teacht...piúc ag teacht.'

Éirí agus imeacht de sciuird go dtí dabhach na cistine. Mugaí déanacha na hoíche aréir sa mhias gan ní fós. Mias a lorg i gcófra éigin. Cá bhfuil na gréithre bácála?

'Tá ceann déanta agam.'

De sciuird isteach chuige. Carn beag ar an urlár taobh leis. É a ghlanadh. Mias a shíneadh chuige. Níl teocht ná laige air.

'Tá cairéidí ann ón *stew*,' ar sé go géarchúiseach.

'An raibh sé agaibh beirt?'

'Bhí. Bhí sé blasta.'

'Ní mór an blas atá anois air.'

Nochtann a dheartháir óg atá curtha ina shuí ag an bhfothragadh, sa doras. Seasann sé ina thost idir codladh agus dúiseacht ag cuimilt na súl.

'Bhfuil aon ghliú ann?'

'Gliú? Gliú? A seacht ar maidin agus tú ag lorg gliú?'

'Teastaíonn uaim mascanna a dhéanamh agus tá gliú uaim.'

Téann sé ag triall ar charn blúiríocha stractha nuachtáin i stán atá ullamh aige ón oíche roimhe. Dearbhú arís eile go bhfuil leanaí fíorloighciúil.

'Fan go n-osclóidh na siopaí ar a laghad. Níl agam ach gliú

adhmaid agus ná bain leis sin.'

'Bhfuil aon rud ar an teilifís?'

'Níl faic an t‑am seo de mhaidin.'

'Féach sa pháipéar féachaint cad atá ar siúl. Cén t‑am é?'

'Dhá neomat tar éis a seacht ar maidin Dé Luain agus an saol fós ina chodladh ach sibh féin. Agus níl aon teilifís ar siúl. Agus ná bí ag tabhairt orduithe dom. Féadfaidh sibh féachaint níos déanaí air má bhíonn aon ní ar siúl.'

Drochbhotún é aon gheallúint a thabhairt do leanbh mar go gcuirfidh siad iachall orm cloí le m'fhocal níos doichte ná aon ghiúistís.

'Tá piúc eile ag teacht.'

'Tá mias agat.'

'Níl sé ag teacht anois. Bhí sé ann ach tá sé imithe.'

Síneann sé siar arís agus cuireann a cheann faoin bpluid. Suíonn a dheartháir go stalcach 'cheal gliú ina chomhghuaillí mochmhaidine taobh leis. Gan aon bhreoiteacht air siúd agus fonn bricfeasta air. É in am tae eile.

Bearradh gruaige uathu. Cártaí poist le ceannach agus le seoladh. Fál a shocrú, fál cosanta gaoithe a thógáint. Roinnt mionghrósaeirí le fáil sa siopa. Peitreal. Agus gan an gliú a dhearmad. Éadaí le tabhairt isteach, le crochadh amach. Tabhairt faoi thuras na Coiribe ó Uachtar Ard, b'fhéidir.

'Buailfimid amach a bhuachaillí go dtí an Spidéal.'

Gan é a leathuair tar éis a naoi agus sinn ag dul soir. A thinneas curtha de ag an ngarsún is sine. An nuachtán ceannaithe.

*Kúigear Kangarú* a deirim leo ar an teilifís ag a hocht anocht.

'Cén t-am anois é?' a fhiafraítear ón gcúl.

'Beagnach a leathuair tar éis a naoi ar maidin.'

'Cén fhaid é sin go dtí *Kúigear Kangarú?*'

'Aon uair a chloig déag. Fáisc na criosanna. *Belt-up.*'

Tá cogar mogar, a chloisim ar éigean, ar siúl sa chúl.

'An mbíodh *bubble-gum* agatsa gach lá nuair a bhí tú óg?'

'Bhíodh. Ní bhíodh. Ní bhíodh sé agam gach lá. Bhíodh bubble-gum agam. Bhíodh *bubble-gum* agam. Bhíodh bobail-gham agam.'

Tá baileabhair á dhéanamh acu díom. Tá a fhios agam é ach is fearr gáire.

'Go minic?'

'Ó am go chéile.'

'Cad is brí leis sin? Gach seachtain?'

'Féach gheobhaidh mé daoibh inniu é mar *treat* speisialta.'

'Agus an bhfuil cead againn é shéideadh ag féachaint ar *Kúigear Kangarú?*'

'Tá.'

'Cén t-am é?'

'Má chuireann tú ceist orm arís 'cén t-am é?' sin deireadh leis, sin deireadh leis an socrú.'

'Ach cén fhaid é go dtí a hocht anocht?'

'Aon uair a chloig déag, agus ná fiafraigh arís díom é.'

'Ceart go leor....cén uair a bheimid sa Spidéal?'

# Comhrá na Leabhar

Fear suáilceach, tíriúil é, é éirithe as an múinteoireacht ar a phinsean sna caogaidí. An lá cruaidh tirim, beannaímid dá chéile sa tsráid, stadaimid agus ligeann sé uaidh an dá mhála siopadóireachta ar an gcosán. Cuma an té atá fuascailte ó chuing saoil air, agus luisne tagtha an athuair ina shnua.

'Chríost, a bhuachaill, tá cuma na hóige ortsa ó chonac go deireanach tú,' a deirim leis.

'Óige? Táim ag gáire chugam féin ó thugas na cosa liom as an seomra ranga. Tá léas nua faighte agam.'

'D'imís ar deireadh.'

'Bhí chomh maith agam. Bhíos comáinte as mo mheabhair glan ag an teagasc le cúig bliana. Níorbh é an teagasc ba mheasa go minic ach an tarcaisne a lean é, tuismitheoirí 'om chrá, leaid-eanna ag teacht isteach agus *steam* óil uathu ar maidin, canrán na míshástachta faoin saol mór ag dul faoin gcraiceann i seomra na múinteoirí agus iad á rá leo féin nach raibh meas madra fágtha orthu féin ná ar a ngairm. Níorbh fhéidir cur suas leis.'

'Is geall le fear tú a scaoilfí as príosún.'

'Abair é. Bhíos dhá uair a chloig inniu ag imeacht timpeall sna siopaí leabhar. Tá sladmhargaí cearta iontu. Tá blianta fada ann ó sheasas i siopa leabhar maidin Shathairn gan a bhrath gur cheart dom bheith sa bhaile. Ag crochadh seilfeanna.'

'Bhfuil aon phleananna móra agat?'

'Níl, ach mo spága a shíneadh le hais an tinteáin agus dul ag léamh tamall den gheimhreadh. Roinnt altanna a scríobh don iris áitiúil sa bhaile, ar mo shuaimhneas, agus nuair a bheidh sí féin éirithe amach, an tigh a dhíol agus crochadh linn chun na Spáinne leath na bliana. Tá an chlann tógtha agus ag déanamh dóibh féin. Táim ag foghlaim Spáinnise istoíche. Dóthain chun gearrscéal le haistriúchán Béarla ar an leathanach thall uaidh a léamh. Ar dtús ar aon nós. Agus príomhscéalta El Pais. Agus comhrá éigin a dhéanamh leis na daoine.'

'Ní beag san. Agus cad faoin iascach?'

'Cheannaíos bád locha fadó agus tá sí taobh le Loch Coireáin theas. B'fhéidir go bhfaighinn inneall nua di. Gach aon ní ina am féin.'

'Tá ualach breá leabhar agat ar aon nós tar éis do shaothair.'

'Pé ní a mhill an teagasc ionam, níor múchadh fonn na leabhar riamh ionam.'

'Aon leabhar Gaeilge ina measc?'

'Bhfuil tú ag magadh fúm? Tá níos mó cleití ar phroimpe

sheanchearc ná tá léitheoirí leabhar Gaeilge ann agus tá san scúite a dóthain. Á, neó, leabhair a bhaineann leis an saol, leabhair staire, úrscéalta, leabhair le Ellroy, Annie Proulx, atáimse a léamh.'

'An léifeá leabhar Gaeilge ar bith, mar sin?'

'Chaithfeá mé a dhíol chun leabhar Gaeilge a léamh. Tar éis a bhfuil de bhlianta caite agam ag iarraidh focail a chur siar ina bpluca siúd. Bhíos ag taispeántas gairmeacha san RDS tamall ó shin le Rang na hArdteistiméireachta, agus mé seasta ag labhairt Gaeilge le seanchara liom. Chuaigh scata cailíní thar bráid, ceann de na clochair sin i ndeisceart Bhaile Átha Cliath, agus arsa duine de na hussaíos le páirtí léi: 'What? Are they still speaking that? Braithfeadh sé ar an leabhar is dócha. Úrscéal maith, nó leabhar eachtraíochta a bhaineann leis an saol, agus *sure* níl a leithéidí ann. Ar aon nós, tá an iomarca dua á leanúint.'

'Nach bhfuil dua éigin ag baint le léitheoireacht ar bith ar deireadh.. léann tú roinnt Spáinnise.'

'Bhfuil tusa ag maireachtaint sa chlochaois a dhuine?'

'Conas, an chlochaois?'

'Ní léann duine ar bith leabhar Gaeilge ach amháin má chaitheann sé. Duine ar bith. Tá caolsheans éigin ann go léifidh bean óg san ollscoil leabhar ar an gcúrsa Gaeilge má chaitheann sí agus má tá ceist ar an bpáipéar scrúdaithe ag brath air, ach ina dhiaidh sin...'

'Dá mbeadh gluais focal ag gabháil leis an leabhar, scéalta maithe eachtraíochta, pictiúir mhaithe, leabhar fáiscthe as saol atá á chaitheamh nó a caitheadh, seachas saol a caitheadh sa cheann, é curtha i láthair go maith, an sásódh sé sin tú?'

'Ní shásódh ná é.'

'Cén fáth?'

'Bheadh sé i nGaeilge. Bheadh an iomarca... Gaeilge...ann.'

'Ach cad eile a bheadh i leabhar Gaeilge ach Gaeilge?'

'Nach in é atáim a rá leat?'

'Cad é?'

'Bheadh sé i nGaeilge.'

'An bhféachfá ar an leabhar?'

'Ar éigean é. Ní sheasaim ag na seilfeanna féin sa siopa.'

'An bhféachfá ar chlár teilifíse Gaeilge?'

'Ó, d'fhéachfainn.'

'An éisteofá leis an raidió?'

'D'éisteoinn.'

'An éisteofá le leabhar?'

'Dhéanfainn dá mbeadh aon mhaith ann.'

'Ach maidir le leabhar a léamh...?'

'Uair an-fhánach.'

'Mura léifidh tusa leabhar Gaeilge cé a léifidh?'

'N'fheadar, ní haon phioc dem ghnó-sa é faoin dtráth seo. Táimse éirithe as. Teastaíonn uaim taitneamh a bhaint as an saol. Bhfuil tú féin ag léamh faic?'

'Táim. *Tearmann* le Robert Welch. Leabhar bleachtaireachta, saghas *film noir* i scríbhinn.'

'Ach caitheann tusa bheith ag léamh, nach cuid ded ghnó é sin?'

'B'fhéidir é, ach bainim...taitneamh as.'

'Caithfeadsa imeacht.'

'Go n-éirí do shaol nua agus do chuid léitheoireachta leat féin.'

Bhreac an fear taobh liom na hathruithe ar an dá fhoireann ina *Chlár Oifigiúil* mar a bheadh praghsanna beithígh á nótáil aige ag an marglann.

Theasc sé go gonta na bulláin a bhí ag titim ar lár, Simpson, Phelan, Tuohy agus scríobh sé le cúram cuntasóra uimhreacha na n-ionadaithe os a gcionn. Shamhlaíos clár dubh. 'Scríobh síos an obair bhaile.'

Éadan tuaithe oirthear an Chláir air, feairín beag, a chneas leasaithe ag an ngrian, é caolshúileach ó bheith ag tomhas na feola ar ainmhithe i mbuailí beaga méithe, é cromtha íseal os cionn an phinn mar a bheadh a anam ag brath air. An cromadh céanna atá ag Jamsie O'Connor os cionn an tsliotair a dhéanann Pilib a'Gheitire de. Ach é in am feaig eile fós aige seo ó phóca a léine.

'Conas a bhraitheann sibh i gContae an Chláir faoin gcluiche?' a fhiafraím go comhcheilgiúil.

'Dóchasach.' ...And what county man are yourself?'

Táimid idir an daichead slat agus lár na páirce sa tsraith íochtarach d'Ardán Uí Chíosóig, ar thaobh na Canála. Seo chugainn an dá fhoireann, na súile dírithe rompu, na gártha ag séideadh na gcluas díobh. 'A Rí gach má! Ba láidir líofa, A bíoma láimhe is lánstaf inti.'

Níor thuigeas Cúirt an Mheon-Oíche ná Brian Merriman i gceart go dtí anois. Iomáint an Chláir a fhuasclaíonn dom é. Fíoch na féithe. Fonn na fola. Fothram na sláinte. Coipeadh sna cuisleanna. Slat ag at. 'Is dearfa bhím don shíorthaispeánadh, Ar mhachaire mhín gach fíoriomána.'

Cuireann liúnna mhuintir an Chláir, a bpaisiún allta, dinglis i mbaic mo mhuiníl. Cúrsaí fola, a thuigim níos mó ná riamh, a thugann anseo mé. Tá 'An talamh máguaird ar luascadh im thimpeall' agus 'Screadaim go hard le gáir na tíre.'

Preabann fear snasta ó Chill Chainnigh sa suíochán folamh ar an taobh eile díom. A mhac ina theannta. Ó Thulach Ruáin dó. *Sangfroid* Normannach ag baint leis. Folaíocht agus mianach na hiomána ann a bhraoideálann muinín nach bhfuil toirtéiseach.

Léamh géarchúiseach oilte aige ar an gcluiche a nochtann romhainn. Mór an chailliúint é Titch Phelan. Grafadóir é Canice Brennan. Ní chuireann cúl an Sparrow aon chorrbhuais air. Idir pointí, idir babhtaí imeartha, éiríonn linn trácht ar an gcluiche i gCill Chainnigh.

Ní fíor go bhfuil sacar tar éis an lámh in uachtar a fháil sa chathair féin. Nach fear cathrach é Phil Larkin agus nár bhuaigh Dicksboro craobh na gclubanna anuraidh? Cóitseáil an-láidir sna bunscoileanna a bhuíochas do Bhrian Cody. Príomhoide bunscoile i dTulach Ruáin a thugann a chuid ama féin tar éis na scoile le hiomáint. Féile na nGael buaite i mbliana acu. 'Ardfhear Charlie Carter,' ar sé go ciúin agus an chéad scór fuadaithe aige ar a chéad sheans.

Faoi mar ba dhual dó. Braithim gur cúpla diúracán nó trí i gcúl an líontáin a chuirfeadh an Cainneach ina sheasamh. Ach gurbh fhearr leis go mór fada go mbeadh a phointe tógtha ag DJ Carey ón bpoc éirice. Mar sin a chasann taoidí imeartha.

'Bhí iomáin ar Fhaiche an Aonaigh. Is maith d'imríodh an báire. Bhádar na camáin dá gcleasú mar chlaimhtibh i gcath. Is cogúil an cluiche é iomáin,' a scríobh Amhlaoibh Ó Súilleabháin i 1827 i gCallainn. Ciarraíoch i ndúiche iomána, agus gan a chroí go hiomlán ann b'fhéidir.

Liús a shnámhann go domhain i loch, a chuireann mianach iomána Chill Chainnigh i gcuimhne dom. An uair is mó atá teacht aniar iontu ná nuair a mheasann tú iad a bheith cloíte. Má thugann tú orlach dóibh, *away* leo arís sa táinrith. Mar sin díreach a imríonn DJ Carey cleas na lúibe agus a fhaigheann sé báire.

Bíonn ort an croí a bhaint astu, ach an uair sin féin bíonn sé fós ag frithbhualadh ar talamh nó ar chlár. Tá an fios seo dingthe i gcloigne iománaithe an Chláir ag Loughnane, agus cruinníonn siad ina dtriúranna timpeall ar aon Chainneach amháin, á ghreadadh go dlisteanach. Ní loitiméirí iad. Ach ní ligeann siad d'iománaithe Chill Chainnigh a gcluiche féin a imirt.

Ní ghéilleann ná ní theipeann ar mhisneach an Chainnigh taobh liom go dtí an fhead dheireanach. Níl i gceithre phointe eatarthu ach dhá scór ar luas lasrach. Tá iománaithe an Chláir spíonta ina gcorp sna neomataí clabhsúir.

Ach arís is arís eile, fuasclaíonn a gcosaint dhiamhair Ionsaí na hInse. Briseann siad agus smiotann siad an croí i gCill Chainnigh. Thar aon chluiche eile ar m'eolas fuasclaíonn iomáint daoine óna gcreat daonna.

Gineann an iomáint déithe agus bíonn cónaí orthu i mBrú Mhaigh Gréine.

# Comhrá na gCamán

Bhíodar ina sraitheanna uiledhathacha ar an raca sa seomra A&E in Ospidéal Míthrócaireach na gCamán. Iad go léir ann lena n-ainmneacha dílse féin, an Cnagaire, an Spreangaire, an Basaire, Lúb na Lúb, an Cleasaí Cam, an Caol Díreach, an Spleodaire, Cití na gCumann, an tSáil Ard, an Troighthanaí, an Bás Obann, an Cor gan Cháim. Firchamáin agus Mnáchamáin.

Mionchasachtach agus gáire sciotaithe acu, agus iad ag cuimhneamh ar an lá inné. An córas aerfhuaraithe ag crónán idir chneadanna ó na hothair-chamáin sa seomra cóireála. Chuir Lia na gCamán an meaisín druileála ar siúl istigh agus chiúinigh monabhar na gcamán amuigh.

'Cé tá istigh?' arsa an Cnagaire, de chogar.

'Beidh poll ann ná raibh ann ag dul ann dó, pé hé féin,' arsa an Spreangaire.

Mhaolaigh geonaíl an mheaisín agus thosaigh an mionchnagadh. Thosaigh líomhán ag líomhadh.

'Banda nua ar a bhos, gan dabht,' arsa an Cnagaire.

'Níl aon chuma leonta ortsa,' arsa an Spreangaire, 'cad a thug isteach tú?'

'*Check-up*. Ní raibh sé féin sásta inné liom. Chuireas trí cinn amú air, a dúirt sé, agus dúirt sé nárbh fhearr rud a dhéanfainn ná an tOspidéal a bhaint amach. A rá is nach bhfuil faic ar a dhá shúil féin. Cad fútsa?'

'Greadfach a tháinig ionam nuair a thóg sé poc amach. Óm shlinneán anuas go sáil. Ligeas glam. Níor chuala sé siúd faic uaim ach gach aon 'foc thú' aige orm. Chaith sé uaidh mé isteach i gcúinne an bháire. 'Dhóbair dom stéibh den bholg a bhaint den mhaor líne. Fuaireas drochfhéachaint uaidh siúd leis. Thugas an chuid eile den chluiche luite sa bhrothall ar an bhféar. Chuas a chodladh dom fhéin.'

'Fuairis ana-dhath.'

'Seana-vearnais é sin, a dhuine.'

'Dream gan aird is ea cuid de na himreoirí sin. Gan aon chuimhneamh acu ar chearta camán. Ní haon saol ag cuid againn é. Agus tá dream óg ag teacht amach anois ná fuil feacadh glúine féin iontu. Gan aon seasamh ná ómós iontu.'

'Agus iad glas faoin gcluais.'

'An chuid acu ná fuil fliuch go feirc.'

'Fliuch? Cúpla lá san oigheann ag triomú amach, agus a rá ansan go bhfuilid ullamh don chath.'

'Ní mór righniú.'

'Ní mór, an chuid acu a mhairfidh.'

'Is mó lá atá caite againn féin amuigh faoin drochaimsir ag righniú.'

'Ná fuil deich gcraiceann orm féin ón síon?'

Tarraingíodh siar an cuirtín sa seomra cóireála agus léim an Blocaire anuas den leaba. Loinnir ón mbanda nua a bhí á fháscadh, téip úr á ghreamú, agus meangadh gáire air. Cainneach, amach as ceárta Dowlings. Ní raibh sé lúfar ach bhí ceann de na bosa ba leithne in Éirinn air. Bhlocálfadh sé camfheothan.

Bhailigh sé a mhála agus d'imigh de thruslóga amach an doras ag feadaíl dó féin.

D'ardaigh Cití na gCumann a ceann chun féachaint air. Bhí sí ag fústráil timpeall ar a stocaí níolóin ag iarraidh an snáithe a dhéanamh cothrom lena sáil. Bhí Cití aerach, rinceoir sa chúinne, agus é ráite ina taobh gurbh fhearr an rince a dhéanfadh sí dá fháiscthe a bhí sí timpeall ar a lár. Chaithfeá breith i gceart ar Chití, bhí a fhios ag saol na gcamán é. Í chomh caol ina com gur dhóigh leat go scoiltfeadh sí, ach a cuid fuinnimh go léir ina híochtar. B'ola bheannaithe di an t-allas lena géaga, agus deireadh cuid dá compánaigh go raibh sí éaganta. Máchail ó thosach sa snáithe ródhlúth gan a bheith ag teacht leis an gcor ina sáil. Ach pé lagmhianach néaróiseach a bhí inti, lasadh sí an pháirc d'aon ruthag amháin agus bhí cion dá réir ag na sluaite uirthi.

'*Next please*,' a ghlaoigh an bhanaltra.

D'éirigh alpaire as Contae Uíbh Fhailí ina sheasamh agus a thóin thiar ag tabhairt dhá thaobh an tseomra leis isteach.

'Féach isteach é, ba dhóigh leat gurbh é an *Gunfight at the OK Corral* aige é.'

'Nó *The High Plains Drifter*.'

'Bíonn ana-mhianach iontu.'

'Fuinseoga Bhladhma a dhuine, níl aon teora leo. Tugann siad a saol amuigh faoin sliabh, agus tá siad chomh dochloíte le pocáin ghabhair.'

'Chuirfeadh an truslógaíocht breall ort.'

'Ná fuil a fhios agam go maith é. Ní bhíonn uathu ach leathsheans. Sraoth an tsliotair.'

'Deinimse amach gur spéaclaí a chaithfeadsa a fháil,' arsa an Cnagaire.

'Dathacha atá ormsa, dá n-admhóinn é,' arsa an Spreangaire. 'Ní bhíonn lá suaimhnis agam ag na seana-dhiabhail cromán sin agam. B'fhearr iad a chaitheamh go dtí an gcat.'

'Cloisim go bhfuil lionsaí anois acu a chuireann siad sa bhas, agus ná beadh a fhios ag éinne beo go mbíonn tú á gcaitheamh.'

'Cromáin nua atá i ndán domsa, a déarfainn.'

'Ya, cromáin na gcamán, tá marú iontu.'

'Ya, cromáin na gcamán.'

# Bunmhianach an Chamáin

Fuasclaíonn foclóir na heolaíochta cuid de bhunmhianach an chamáin agus seolann ar ais isteach é sa bhithsféar arb as é. 'Mar a chéile an bithsféar agus na réigiúin go léir ar domhan a mbíonn beatha fhéinchothaitheach iontu.' (*Nod don Eolach*)

Bláth, leis, agus planda agus crann le cabhair na fótaisintéise, a bhaineann dé-ocsaíd charbóin as an aer, agus a ligeann ocsaigin amach. Dúil neamhbheo gan anáil é an camán, áfach, é támh ach lán dá fhéidearthachtaí diúractha féin, beag beann ar a mháistir. Fós, níl cás ar bith dá fhoirfeacht ach i lámha an mháistir.

Le focail lán de bheith istigh iontu féin a chaitear tosú: fíochán, dlúth, inneach, snáithe, tointe, stoc, fréamh. *I look for a wide grain running down the shaft and round the bas.* (*Hooked, A Hurling Life,* Justin McCarthy). Agus, tagairt don snáithe atá chomh fíneáilte, lán de mhiangas le stoca síoda: *If it runs along the back of the heel, that's better still.* Agus ansin na focail amuigh, ar a chruth: bos, soc, sáil, cluas, cuar, seafta, tosach, cúl, caoldroim. Agus ansin na focail a bhraithimid tríd an gcamán inár ngéaga féin: tabhairt, lúb, spreang, greim, troime, éadroime, cothromaíocht, faobhar. Braistint is ea camán, go hiomlán. Bíonn a chuid tonnta snáitheacha, ó bhaitheas go bonn, ag craoladh roimh ré ar na minicíochtaí cuartha a aimseoidh sé. Uaireanta, bíonn sé seo chomh grod le buille. Uaireanta eile, teagmhaíonn nádúr an chamáin lenár nádúr féin.

'Bíonn fíocháin na colainne de shíor ag giniúint a srutha leictrigh féin chomh maith. Bíonn voltas i ngach uile chill sa cholainn.' (*Nod don Eolach*).

Murab é, is baol, ár bhfuinneamh féin é á tharchur ar ais. Ní hamháin gur maide adhmaid é an camán, ach néaratharchuradóir, 'iompróir comharthaí, trasna na sionapsaí san inchinn, nó idir néaróin sa néarchóras, nó sa cholainn i gcoitinne idir néaróin agus matáin.'

Ní mór an dul thar fóir a sheachaint, mar a dheineann na fógraí áibhéileacha. Is mar gheall air sin a chloím le treoracha an mháistir. Ní mór dóthain de chúl na boise a choimeád ar an talamh. *Good ash, the right amount of 'give' and no knots, that means I can do something with it*, a deir Justin McCarthy. É bheith 36 orlach ar fhaid − '*37' is more difficult to manoeuvre in a tight space*. Deineann sé deimhin i gcónaí de go mbíonn aghaidh na boise cothrom: *I'll put a straight edge across it and hold both towards the light. If I see any light below the ruler, that tells me that there's a slight curve on the bas. Even the smallest of deviations can cause the ball to veer away...* Fós, is é is solas ann 'an chuid den radaíocht sa speictream leictreamhaighnéadach a bhíonn le feiceáil ag súile an duine' agus 'Tonn is ea an solas' agus 'San inchinn a airítear an solas' agus 'Raon tonnfhad nó raon minicíochtaí is ea an speictream' agus is é is candam ann 'aonad bunúsach an fhuinnimh, nach féidir a fhoroinnt... Is é an tslí a n-áirítear candam amháin d'fhuinneamh ar leith radaíochta: minicíocht na radaíochta sin a mhéadú faoi Thairiseach Planck.' *(Nod don Eolach).*

Nó, díreach, pleanc a thabhairt don sliotar, lenár gcantam féin fuinseoige den chandam.

*When I'm reshaping a hurley for myself, I'll measure its centre of gravity and mark it.* Ar nós an domhain féin, tá aomadh imtharraingteach ar gach uile chuid den chamán i dtreo an láir. Más ding de féin a scoilteann an leamhán, is snáithe de féin a scoilteann an camán. Is é sin an taobh dorcha de, Neimisis, nó an damhna dorcha úd a chreidtear a bheith ann ach nach bhfuil aimsithe fós. Is cinnte go bhfuil an damhna dorcha san iománaí, agus sa tslí chéanna a gcuireann camán a bhraistint in iúl don iománaí, cuireann an t-iománaí a dhrochmhianach féin in iúl don chamán. *It's a feel relationship*, a deir Justin McCarthy. Fós, bíonn ar chamáin craiceann tiubh a fhás ar chuma an duine, agus chuige sin, *I sometimes leave mine on a clothes line for a few days to put a skin on the timber. The wind, sun and rain toughen them up, make them more durable.*

Sciomrann, triomaíonn, athchruthaíonn, múnlaíonn, scamhann, séimhíonn Justin na camáin mar a dhéanfadh máinlia. Níos mó ná sin, tugann grá dóibh. *I make sure to put it in a place that's cool enough, so it won't crack. That's why I never keep my best hurley in the car.*

Clár Fionnachtana Spáis í an iomáint. Cruthaíonn sí Teoirc na Coibhneastachta Ginearálta: 'Aon damhna a bhíonn sa spás, cuarann sé an spás mórthimpeall air agus gluaiseann réada feadh na gcuar sin sa spás.' Is é sin, go gcruthaítear dúinn in aisce nach folús é an saol.

Sa phoc.

Ar aon chuma.

Nó ar aon chuma, sa phoc.

# Fear an Gheata

Tic ba dhual dó, agus éad doimhin, ach ar son a anama níor theastaigh uaidh aon aird a tharraingt air féin. Bhí ceann tógtha aige den seanchas. Gan a bheith ag gobadh amach as póca tóna nó póca-ón-taobh-istigh nó póca aonaigh éinne i ndeireadh na hoíche, pórtar ag slabarnaíl air, greim á fháscadh air, é á bheartú agus á chur in aithne don slua pusanna. Pusanna na Muirí mar a deireadh an dream thiar i dtaobh an dreama thuaidh. *No thanks*.

Meidhir a thugaidís air, ach ba mhó ba *mire* é. Ó, bhí na scéalta cloiste aige ón dornán a tháinig slán i gcaitheamh na mblianta. Na luíocháin. An mhargáil. An fuadach. Na scéalta truamhéileacha agus iad ag impí ar son a n-anama. An ceann i gcúl an chinn a d'fhágfadh do thaisce chuimhne – do *memory bank* ar eagla na míthuisceana – ar sileadh leis na driseacha ar chuma sméara nár tháinig chun aibíochta. Na seanchaithe, gaiscígh, sa mhúsaem a bhíodar le lucht na gcaipíní. Níorbh fhearr a bheith.

Bhí seans leo nach raibh an saol corparáideach ag breith ar sciúch ar gach éinne nuair a bhíodar siúd suas, tráth ba luach luach, seachas praghas. Ach bhí corparáid eile an uair sin ann, gréasán an *you-know-who*. Ba é an dlí céanna i gcónaí é: mura raibh a fhios agat cér thú níor thú éinne.

An turas a dhéanamh gan aithne, sin é a bhí le déanamh. Gan

aon éad a theacht air leis an gcuid eile acu, cuma cad as iad: anuas ó na harda cluthara díonmhara, nó ó chnoic líonmhara an tséideáin. Cuimhneamh air féin ba mheasa, a bheith ag spíonadh ar mheitifisic an éada agus ag díol as leis an tic. Aghaidh a thabhairt ar an íde, ar Fhear úd an Gheata. Bhí a fhios aige rud amháin: stracfaí as a chéile é in imeacht roinnt laethanta. Bhí a théarma istigh. Bhí sé chomh maith acu an bolta a tharraingt agus gan Oifig na dTicéad féin fágtha aige.

Ach nach a bheith amuigh ansin ar chuma na mbeach, laethanta gairide deireadh meala an Fhómhair, ba dhual nádúir agus beithe dó? Dá ainneoin, thosaigh tic ag bailiú in aon chúinne amháin dá aghaidhchló, é ag broidearnach, réidh le pléascadh, ach cheansaigh sé an drochmhianach. Níor scéithigh sé air féin.

Smeachadh den teanga, an guma a fhliuchadh ar an gclúdach, ansan a bheith dúnta go docht. Béal-iata an focal, nó béal-lite, ina chlúid. É chomh brandáilte le pé-ainm-a-bhí-air ar an nóta eile airgid úd. Sheol sé tríd an scanaire leictreonach. An ghlóraíl uaidh. Rúisceanna a scaoileadh le cancar seachas sásamh, sea, bhí cruabholg ar scanairí crónánacha. Má bhí bolg in ao'chor ag na bastairtí scanairí mílítheacha sin, gur tháinig dath glas orthu le tonn taoscach pé farraige a bhí á suaitheadh.

Gan aon chomharthaí sóirt ná aitheantais ón taobh amuigh air a thabharfadh le fios gurbh é é. Fanacht sa chlúid. An seandream dílis. Thabharfadh sé na cosa leis. Más cosa a bhí faoi. Sciatháin a bhraith sé seachas spága ar an traein mhearluais ó dheas. Dá mbeadh a fhios acu siúd, na Laoi-dóirí, cé a bhí chuige, ní fhágfadh sé an stáisiún ina bheathaidh. Bhain sé a cheann cúrsa amach, JBM Experiments. An fháilte a cuireadh roimhe, níor lá go dtí é.

Bhí na fóin ag preabarnach ag JBM. Eiteachas. Daoine á gcur ó dhoras le cúirtéis, ach go diongbháilte le caol na láimhe. Chuala sé go raibh 'operatives' eile ar a chuma féin sa tigh ach níor casadh ar a chéile iad. D'fhágadar ina luí é cúpla lá gan ach ceapairí stálaithe a chaitheamh chuige. Chuala sé an cogar mogar amuigh san oifig, agus é féin i dtaisce in áit chomh dorcha le Uaimh na Scairte. D'osclaíodar. Aon scoiltín solais, cuimilt, lámhfháscadh, agus doircheacht arís.

B'fhada leis go mbainfeadh sé a cheann scríbe amach. An cnag ar dhoras iata tábhairne. Lámhfháscadh arís, a Chríost, bhí sé níos láimhseálta ná nóta caoga Euro. Dreas codlata cúpla uair an chloig taobh leis an *china cabinet*, *videos* agus carn irisí ban, dúiseacht ar maidin agus cur chun bóthair arís, ar ais go Baile Átha Cliath.

Ní raibh gnó ar bith dó ag a cheann scríbe ach comaoin éigin i bhfad siar a bhí le glanadh, siar chomh fada le Nua-Eabhrac féin. Murarbh é an Mafia é? 'An chamchuairt *to beat all* camchuairteanna,' a rith leis, agus iarracht den ghreann bearrtha sin a bhíonn ag *operatives* ar an mbóthar, á nochtadh ann. Merc a bhí anois faoi, a dhuine, *the perk in the Merc*. Níor lig sé faic air. Níor athraigh a chló. Níor tháinig filleadh ná feac ann. Righnigh sé. Bhíothas chuige.

Ó, bhí gnó dó i mBaile Átha Cliath ag na laoidóirí ar shnámhaigh a gcuid pinginí. Chuala sé an canrán ag éirí san aer i bhfad i gcéin ó Staid na nGrást. Bhí a sheal istigh. Níorbh fhada anois, céim ar chéim, buille ar bhuille i dtreo na páirce, go mbeadh sé caite sa charn, i leataobh, ina bhile seirgthe Fómhair.

Níor bhraith sé faic tar éis a chúrsa saoil nuair a strac Fear an Gheata é ó bhun go barr, agus an tic scartha go brách leis an éad ann, ina nádúr réamhghinideach ticéid.

# Cnoc an Áir

Bhíos i measc an tslua ar Chnoc 16 ach bhraitheas go rabhas i mo sheasamh ar Chnoc an Áir tar éis an bhuama ar an Ómaigh. Bhí meirfean goirt an áir san aer i bPáirc an Chrócaigh. Bhí sé ag síobadh sa chamfheothan agus ghreamaigh an trídhathach go míchumtha den chuaille. Sheargaigh ár mbeola. Thriomaigh ár scornacha. Bhí seirfean an domlais inár gcroíthe. Bhíomar inár dtost. Ghuíomar.

Bhain an Ómaigh gach rud dínn. Bhain sé thoir agus bhain sé thiar dínn. Bhain sé thuaidh agus bhain sé theas dínn. Bhain sé géaga agus bhain sé méara dínn. Bhain sé súile agus bhain sé radharc dínn. Bhain sé ionga agus bhain sé teanga dínn.

Bhain sé dóchas agus bhain sé sóchas dínn. Bhain sé óg agus bhain sé críonna dínn. Bhain sé deora agus bhain sé teora dínn. Bhain sé focail agus bhain sé brí dínn.

Bhain sé éisteacht agus bhain sé caint dínn. Bhain sé líonadh agus bhain sé trá dínn. Bhain sé cnoc agus bhain sé sliabh dínn. Bhain sé má agus bhain sé dá dínn. Bhain sé naofa agus bhain sé damanta dínn.

Bhain sé doilíos agus bhain sé soilíos dínn. Bhain sé dólás agus bhain sé sólás dínn. Bhain sé an oíche agus bhain sé an lá dínn. Bhain sé an ghealach agus bhain sé an ghrian dínn.

Bhain sé saor agus bhain sé daor dínn. Bhain sé iomáin agus bhain sé lúth dínn. Bhain sé dínit agus bhain sé daonnacht dínn. Bhain sé ceart agus bhain sé neart dínn.

Bhain sé srian agus bhain sé éagaoin dínn. Bhain sé taitneamh agus bhain sé míthaitneamh dínn. Bhain sé ciúin agus bhain sé tiúin dínn. Bhain sé broinn agus bhain sé clainn dínn. Bhain sé blas agus bhain sé domlas dínn. Bhain sé leas agus bhain sé aimhleas dínn.

Bhain sé baile agus bhain sé teaghlach dínn. Bhain sé máthair agus bhain sé leanbh dínn. Bhain sé athair agus bhain sé mac dínn. Bhain sé sinsear agus bhain sé sóisear dínn.

Bhain sé glúnta agus bhain sé gin dínn. Bhain sé eochair agus bhain sé glas dínn. Bhain sé sochraid agus bhain sé dochraid dínn. Bhain sé romhainn agus bhain sé inár ndiaidh dínn.

Bhain sé grásta agus bhain sé sásta dínn. Bhain sé paidir agus bhain sé maidir dínn. Bhain sé stad agus bhain sé imeacht dínn. Bhain sé dúiseacht agus bhain sé codladh dínn. Bhain sé cnámh agus bhain sé craiceann dínn.

Bhain sé cos agus bhain sé lámh dínn. Bhain sé seasamh agus bhain sé suí dínn. Bhain sé náire agus bhain sé gáire dínn. Bhain sé fuil chroí agus milseacht anama dínn. Bhain sé fearann agus bhain sé tearmann dínn.

Bhain sé sráid agus bhain sé scléip dínn. Bhain sé liú agus bhain sé búir dínn. Bhain sé bocht agus bhain sé tocht dínn. Bhain sé náisiún agus bhain sé tuiscint dínn. Bhain sé fírinne agus bhain sé éitheach dínn.

Bhain sé naí agus bhain sé saoi dínn. Bhain sé garsún agus bhain sé réasún dínn. Bhain sé neamh agus bhain sé talamh dínn.

Bhain sé teas agus bhain sé fuacht dínn. Bhain sé insint agus bhain sé stair dínn. Bhain sé sáinn agus bhain sé gráin dínn. Bhain sé grá agus bhain sé trua dínn.

Bhain sé brón agus bhain sé méala dínn. Bhain sé corp agus bhain sé cuimhne dínn. Bhain sé ceist agus bhain sé freagra dínn. Bhain sé sruth agus bhain sé loch dínn. Bhain sé bás agus bhain sé fás dínn. Bhain sé éag agus bhain sé déag dínn.

Bhain sé débhrí agus bhain sé má-tá dínn. Bhain sé boladh agus bhain sé téachtadh dínn. Bhain sé beatha agus bhain sé bonn dínn. Bhain sé arm agus bhain sé lón dínn. Bhain sé folt agus bhain sé sult dínn. Bhain sé ceann agus bhain sé croí dínn. Bhain sé ceasna agus bhain sé easna dínn.

Bhain sé caoineadh agus bhain sé ochón dínn. Bhain sé thall agus bhain sé abhus dínn. Bhain sé inné agus bhain sé inniu dínn. Bhain sé aréir agus bhain sé anocht dínn Bhain sé anois agus bhain sé ó shin dínn.

Bhain sé ann agus bhain sé as dínn. Bhain sé doilíos agus bhain sé soilíos dínn. Bhain sé dorcha agus bhain sé sorcha dínn. Bhain sé doiléir agus bhain sé soiléir dínn.

Bhain sé sláinte agus bhain sé na táinte dínn. Bhain sé mall agus bhain sé tapa dínn. Bhain sé páis agus bhain sé Críost dínn. Bhain sé maoin agus bhain sé comaoin dínn.

Bhain sé brat agus bhain sé dath dínn. Bhain sé fearg agus bhain sé ochón dínn. Bhain sé mion agus bhain sé mór dínn. Bhain sé síon agus bhain sé díon dínn. Bhain sé gaois agus bhain sé aois dínn. Bhain sé breith agus bhain sé an bhreith dínn.

Bhain sé thairis agus bhain sé scéal dínn. Bhain sé sea agus bhain sé ní hea dínn. Bhain sé arís agus bhain sé eile dínn. Bhain sé ainm agus bhain sé ainmniúchas dínn. Bhain sé beo agus bhain sé go deo dínn. Bhain sé síth agus bhain sé díth dínn.

Tar éis a bhfuil bainte dínn, tabhair dúinn síocháin, in ainm Dé, áiméan.

# Ó, Lucky muid

'Níl Santa ann, nach níl?' arsa an garsún ocht mbliana lena athair.

'Tá sé ann,' arsa an t-athair, 'nach é a thug na bronntanais Nollag ar fad chugat?'

Leag an t-athair uaidh na dréachtaí le hEochaidh Ó hEodhasa a bhí sé a léamh. 'Beag nach brisiodh mo chroidhe, gach...'

'Cheap mé nach raibh Santa ann, ach anois ceapaim tá, ach ceapaim níl freisin,' arsa an garsún is sine lena dhearthair óg.

'Ceapann mise freisin tá sé ann,' arsa an garsún óg.

'Ceapann daoine i mo rang níl sé ann. Níl sé ann, nach níl?'

'Tá sé ann.'

'Cad a bhfuil sé mar?' arsa an garsún mór.

'Cad a bhfuil cé mar?' arsa an garsún beag.

'Santa. Cad a bhfuil sé mar?'

'Santa? Nach minic ráite agam libh é. Féasóg mhór fhada air chomh bán leis an sneachta a bhí chomh geal anuraidh.'

'Tá sé mar giant huge agus bíonn sé ag hunting agus a tail ar fire,' arsa an garsún beag.

'Ní bhíonn sé ag hunting,' arsa an garsún mór, 'agus a tail ar fire.

Sin dragón atá tú ag caint mar gheall air.'

'Ní bhíonn dragons ag hunting.'

'Is bíonn.'

'Santa is b'ea é, nach b'ea a Dhaddy?'

'Ní b'ea.'

'B'ea b'ea black sheep have you any wool...'

'Cad?'

'Is ea go deimhin, sé Santa ina steillebheatha é.'

'Cad a bhfuil sé ó?'

'Ón Mol Thuaidh. Tá sé in am agaibh rud éigin a ithe. Ar mhaith libh cuid den phutóg Nollag?'

'Ba mhaith,' arsa an garsún is sine.

'Ní is maith liom é,' arsa an deartháir.

'Ar mhaith leat cuid?' arsa an garsún is sine leis.

'Ní is maith liom é, tá sé yukkie.'

'Déanfaidh mé blúire a théamh daoibh sa microwave.'

Clic. Hummm. Cling.

'Cén fáth ní féidir linn faigh Playstation?'

'Tá bhur ndóthain faighte agaibh an Nollaig seo. Rothar,

skateboard, uirlisí siúinéireachta....'

'Tá Playstation ag nearly everybody i mo rang.'

'Agus i _mo_ freisin.'

'Chaith sé nach raibh aon Playstation fágtha ag Santa i mbliana.'

'Cén fáth ní féidir linn faigh é.'

'Yah, cén fáth nach?'

'Tá gal ón bputóg Nollag, seachnaíg' nó loiscfear sibh. Uachtar? Custard?'

'Playstation.'

'Ba mhaith leat uachtar nó custard ar Playstation?'

'Ní ba mhaith.'

'Is ba mhaith.'

'Seo agaibh anois é. Gan aon phutóg duitse, ach custard leis féin, agus putóg agus uachtar duitse. Agus spúnóg an duine. Raghaimid ag siúl faoin sliabh. Tá cuma ghlan ar an lá. Seasóidh sé a déarfainn.'

'Not an áit sin arís.'

'Is ea an áit sin arís.'

'Cad a bhfuil sé chomh fada leis?'

'Cúig mhíle. Tá sneachta ar an sliabh.'

'Ach tá sé chomh, chomh fada a Dhaddy. An féidir dul go dtí an moss place?'

'Ná bac san, bainfidh sibh taitneamh as ach tabhairt faoi. Ná bí ag ciceáil an bhoird.'

'Níor dhein mise aon rud go dtí an bord.'

'Cén duine agaibh atá á chnagadh?'

'Ní mé.'

'Agus ní mé.'

'Sin cad i gcónaí a dheineann tú ag an mbord.'

'Ní sin.'

'Púca mar sin. Ar bhain sibh taitneamh as Aifreann na Gine? An ceol?'

'Bhí chomh méid daoine ann.'

'Bhí chomh chomh méid ann. Sin an chéad cheann go raibh mé amach riamh ag é.'

'É bheith ábhairín ródhéanach daoibh is dócha, ach féach go dtagann anam ionaibh arís tar éis é fhágaint.'

'Cad a raibh Naomh Iósaf mar?'

'Bhí sé foighneach. Siúinéir. Lá breithe Íosa é Lá Nollag.'

'Is b'ea.'

'Is lá breithe é é.'

'Is é ár Slánaitheoir é.'

'Ó, lucky muid.'

'Ó, lucky muid.'

'Ó, lucky muid, is right.'

'Haidhe, a bhuachaillí, cad atá ar siúl agaibh in ainm Dé. Éirigh as nó leagfaidh sibh an tigh.'

'Tá muid ag spraoi,' a liúigh duine acu ón seomra ina rabhadar.

'Tá's agam go bhfuil sibh ag spraoi ach canathaobh an troid?' arsa mise ón gcistin.

'Thosaigh sé shouting at mé,'arsa an garsún is óige.

'Agus cad a thug air bheith ag liúirigh ort?'

'Cad', a liúigh sé ón seomra.

'Cén fáth ar liúigh sé ort?', a d'fhiafraíos.

Tháinig an bheirt acu amach as an seomra, allas ag sileadh leo, na pluca beirithe. Leanadar orthu ag sá, ag brú, ag tabhairt soncanna dá chéile, agus ag tarraingt ciceanna ar a chéile.

'Caithfidh sibh éirí as a deirim. Cad atá ar siúl agaibh?'

'Tá muid ag déanamh sumo wrestling.'

'Agus an mbíonn sibh shouting lena chéile i sumo?'

'Bíonn muid.'

'Cén difear atá idir gnáthiomrascáil agus sumo?'

'Bíonn siad ag rolling timpeall, agus i sumo caitheann tú brú an duine amach as an sacred ring.'

'Á, tuigim. Cro-Magnon. Is maith libh an sumo.'

'Is maith. Tá sé a lán difriúil le cad a cheapann daoine atá sé mar.'

'An mar sin é?'

'Mar.'

'Bhrú sé mé amach,' arsa an garsún is óige agus taghd ag teacht arís air, ach bhrú mé é amach.'

'Níor,' arsa an garsún is sine.

'Bhrúúúú...agus dúirt tú níor bhrú ach bhrú.'

'Álraidht, éirigh as agus bíodh deoch agaibh. Is gearr go bpléascfaidh duine agaibh. Suígí ag an mbord.'

'Needann mé deoch badly,' arsa an garsún is óige.

'Agus mé,' arsa a dheartháir, 'needann mé é an-, an-, an-.'

'Féach an bhfuil sú oráiste sa fridge.'

'Níl aon ann.'

'Cad é aon, nó aon cad?'

'Orange juice.'

'Uisce mar sin....'

'Ná fág na geansaithe sin ar an urlár.'

'Cén fáth nach?'

'In ainm Dé! In ainm dílis Dé! Nílimse chun sibh a leanúint timpeall an tí ag ardú balcaisí ón urlár.'

'Take mé mo jumper off mar bhí mo T-shirt stretched after sumo.'

'Cad é? Abair é sin arís...'

'Take mé...ná write é sin síos a Dhaid, bíonn tú i gcónaí ag writing síos rudaí.'

'Álraidht, álraidht...tá an Nollaig buailte linn a leaideanna. Níl Santa ag teacht ach chun duine amháin agaibh i mbliana. Cad atá uaibh ar aon nós?'

'Playstation,' arsa an garsún a raibh Santa ag teacht chuige.

'Tá's agaibh ná ligfidh Mam do Santa Playstation a hAon nó a Dó nó aon uimhir eile a thabhairt isteach sa tigh.'

'Ach níl Santa ag teacht go dtí mééé,' arsa an garsún is sine.

'Bhfuil tusa ag iarraidh Playstation?'

'Níl.'

'Cad é, mar sin?'

'Níl mé ag iarraidh faigh an rud i gcónaí faigheann mé.'

'Is gearr uainn do dhéaga chím.'

'Cad?'

'Faic...Féach anseo ag an ríomhaire, teastaíonn uaim an suíomh Idirlín seo a thaispeáint díbh....www.hungersite.com. Tar i leith anseo agus chífidh sibh. Gach 3.6 soicind faigheann duine éigin bás le hocras ar domhan, agus leanaí an chuid is mó díobh. Féach an spota dubh ar an scáileán. Sin duine ag fáil bháis.'

Chaoch tír. Chuaigh anam as. Chaoch Honduras. Mhúch. D'fhanadar ina dtost ag féachaint ar an scáileán.

'Agus féach, má bhrúnn mé an cnaipe seo 'donate food' gheobhaidh duine éigin soláthar bia. Fós, tá rud éigin mícheart....'

'Sin go léir an airgead go bhfuil agam, 3 euro 60 cent.'

'Sin go léir an airgead go bhfuil agam, 2 euro 24 cent.'

'Á, leaids, nílim ag iarraidh an Nollaig a mhilleadh oraibh. Sinne daoine móra a chuireann leanaí as a meabhair aimsir na Nollag leis na siogairlíní. Níl ann ach go gcaithfimid cuimhneamh ar na daoine bochta, teacht i gcabhair ar dhuine éigin, agus fós féile a bheith againn.'

Lean na paistí dubha ag caochadh ar an scáileán, mar a bheadh blabanna dúigh ar pháipéar súite.

'Á, poor iad,' arsa an garsún is sine.

'Á, poor iad.'

'Tá drochbholadh ó chás na mbudgies, leaids. Is dócha nár ghlan éinne é le breis is seachtain. Tá sé absolutely bréan.'

'Ghlan <u>mé</u>,' arsa an té is sine a raibh a cheann sáite aige i Harry Potter.

'Ghlan like Hell! Is gearr go mbeidh orainn powerhose a fháil chuige. Ná féachfadh duine agaibh ar na bloody éin, agus seiceáil an bhfuil uisce agus budgie seed acu... Tá rud éigin orthu, tá siad ag píopaireacht leo ansan ag iarraidh bhur n-aird a fháil. Agus gan é le fáil. An gcaithfidh mé féin éirí agus féachaint orthu. Bhfuil sibh ag tabhairt aird ar bith orm? Oiread aird is dócha is a thugann ar na budgies.'

'Tá feather coming out of a head,' arsa an té is óige, agus a cheann á ardú aige ar deireadh i dtreo na n-éan ó Horrible History.

'Tá, gan dabht, cleite ag gobadh amach as a cheann. Ar chuala sibh riamh gan bun cleite isteach ná barr cleite amach? Tá sé ar nós duine fásta a bheadh ag stracadh a ghruaige ag plé leis an mbeirt agaibhse.'

'Caithfear an cás a ghlanadh leaids.'

'So,' arsa Harry Potter.

'Ná so mise,' arsa mise.

'A deireann cén duine?'

'A deirimse! Éirigh amach as an gcathaoir sin agus glan amach na fruiggin' budgies.'

'Cén fáth a d'éirigh tú muid ag an am seo?' ar seisean.

'Chríost, nach luath atá tú ag dul sna déaga.'

'Bhí Al Capone charitable go mór go dtí daoine bochta,' arsa Horrible History.

'Cén bhaint atá aige sin le budgies?'

'Bhfuil a fhios agat…bhí sé an only gangster riamh a died naturally ina leaba. Chuaigh sé mad in a hospital agus died sé of madness ina leaba.'

'An-spéisiúil go deo.'

'Chonquer sé an whole of Chicago.'

'Dhein gan dabht.'

'Agus fear amháin, stick sé a whole finger isteach in é nuair a shoot duine eile é.'

'Sea ar mh'anam.'

'Agus conas tá Harry Potter ag déanamh?'

'Nílim chun aon rud a rá nó wreckfidh mé an whole scéal.'

'Tá go maith. Rud amháin is ea cás na mbudgies leaids, ach rud eile is ea madra. Munar féidir aire a thabhairt do bhudgies agus gan d'anam iontu ach aer agus feadaíl, conas in ainm Dé a thabharfaimid aire do mhadra?'

'Ach dúirt tú, dúirt tú.'

'Ní dúrt faic.'

'I gcónaí deireann tú rudaí agus riamh ní dhéanann tú iad,' arsa Harry Potter agus Horrible History ag píopaireacht as éadan anois ar chuma na mbudgies.

'Ach samhlaigh a bhfuil de chac ag bun cás na mbudgies á ghlanadh gach lá agus oíche, go háirithe má bhíonn coileán againn ní bhfaighimid aon tsuaimhneas, beimid ag sciorradh ar fud an urláir, sé sin ní bhfaigheadsa aon tsuaimhneas gan trácht ar é a thabhairt ag siúl ar ball, is mise a chaithfidh é thabhairt ag siúl bíodh geall...'

'Ná faigh pup ach madra go cheana féin fuair fleas.'

'Go cheana féin?'

'Go cheana féin.'

'Go cheana féin cad?'

'Go cheana féin fuair fleas.'

'Á, tuigim.'

'Ach ná faigh an madra fancy sin le ribbons agus hair all curled up cosúil le cailín.'

'Sé sin Yorkshire Terrier. Sa leabhar a chonaic sibh é, ab ea, nó cén áit?'

'Download mé é from an dog site.'

'Ar dhein?'

'Download.'

'Labrador go mhaith liomsa,' arsa Harry Potter.

'Agus mise.'

'Ach níl slí ar bith againn do Labrador ar an mbruachbhaile. Theastódh gort agus fairsinge uaidh. Ba bhreá liom féin Kerry Blue ach chaillfeadh sé an ceann ar fad anseo. An cuimhin libhse Jaiceó i dtigh Dhaideó agus Mhamó. Gach uair a théimis síos thógadh sé seachtain air aithne a chur orainn agus bhí sé in am fágaint arís..á neó, madra deas macánta bruachbhailteach.'

'Ach tá an Yorkshire Terrier sissy ceann.'

'Ní fada a bheadh sé ina sissy sa tigh seo. Ar aon chuma, níl aon dul chun cinn déanta againn le cás na mbudgies. Conas a gheobhadh sibh an boladh, anois a chuimhním air, nuair ná faigheann sibh bhur mboladh féin. Álraidht, so, leaids.. No cás glan, no madra.'

'Ó, álraidht so.'

'Ó, álraidht so.'

'Álraidht.'

'Sea a leanaí, tá an Cháisc chugainn, is dócha go bhfuil sibh ag tnúth go mór leis an deireadh seachtaine saoire.'

'An,' arsa duine acu.

'An?' As in an-mhór?

'Sea.'

'Agus cad fút fhéin?' leis an dara duine.

'Ní ró.'

'Ró? As in rómhór?'

'Sea.'

'Tuigim ambaist. Anró.'

'Cad?'

'Ní faic é. Jóc beag dem chuid féin. Níl mé ag mocking sibh.'

'Tá túúúúúú.'

'Níl mééééé.'

'Brought mé home an leabhar,' arsa an chéad duine.

'Cén leabhar?' An ceann úd a bhí ar iarraidh nó cén...?'

'An library book leabhar. Faigheann an buachaill eaten by giants. Téann na giants galloping go dtí different countries, Arabia,

Switzerland, different rudaí mar sin. Tá swords acu agus special guns agus fireann siad na bullets leis na daoine. Má níl aon bullets acu they cut off their heads leis na swords.'

'Agus claimhte géara ag uaisle an tsaoil...'

'Cad?'

'Sin an-scéal.'

'Tá sé an-an-an-scéal. Léigh mé seventy pages. Tá twenty more left.'

'Agus swop mise mo Premier League stickers,' arsa an duine eile, ceathair cinn éasca péasca i gcomhair ceathair cinn ana-deacair.'

'Bhfuil Andy Cole ana-dheacair nó éasca péasca?'

'Éasca péasca.'

'Cén fáth?'

'Because tá sé worth lots of money.'

'An mar sin é?'

'Ó, tá. Complete Oisín an Premier League Book agus spend Fionn one hundred euro ar stickers. Ach níl sé ach half complete.'

'Agus an bhfuil gach duine sa rang á mbailiú?'

'Tá go léir na daoine i <u>mo</u> rang.'

'Agus tá go léir na daoine i <u>mo</u> rang.'

'Bhfuil an leabhar lán fós agat féin?'

'Níííl. Tógfaidh sé fifty euro chun é a chomplete.'

'Is dócha go bhfuil stickers ag teastáil uaibh mar sin?'

'Más é do thoil é.'

'Má, má má, please.'

'Raghaimid go dtí an siopa ar ball nuair a bheidh an obair bhaile déanta. Agus cad mar gheall ar na bullies seo a bhí ag gabháil díot sa chlós?'

'Níl siad bullies níos mó.'

'An mar sin é? Cad a bhíodh ar siúl acu ar aon nós?'

'Choke siad mé.'

'Rug siad ar mhuineál ort agus d'fháisc siad chomh láidir agus a bhí iontu gan aon anáil a fhágaint agat, go rabhais dearg san aghaidh, ab ea?'

'Sea. Choke siad mé very tight.'

'Agus cad a tharla ó shin nach bullies níos mó iad?'

'Tá siad mo friends anois. Carryann mé Oisín ar mo back agus chargeann mé iad agus head buttann mé iad. Ansin déan mé Tae Kwan Do agus tá siad sorted out.'

'Is maith é Tae Kwan Do.'

'Ach ní phunch mé iad. Ach back-kick agus side-kick agus one-two-three very fast.'

'Sórtálann sé sin amach iad pé scéal é, ach níor cheart éinne acu a bhualadh.'

'Ó, ní. Ach frightann mé iad.'

'Leanfaimid ar aghaidh mar sin leis an obair bhaile. Léigh leat.'

'D'ith siad calóga,' arsa Daidí Béar. 'Agus d'ith siad úll,' arsa Mamaí Béar. 'Agus d'ól siad bainne,' arsa Beiní. Thosaigh na trí bhéar ag caoineadh.'

'An-mhaith go léir. Ní haon mhaith bheith ag caoineadh ar nós na mbéar.'

'Ní.'

'Ní, is right.'

Bhí an dá chomhghleacaí, Bun agus Barr, istigh i gcaife ar chéibheanna na cathrach ag ól tae Earl Grey agus Classic Blend. Fir. Bíonn siad gach aon lá ann.

Caitheann Barr soigeár. Féasóg scuabach air. Fealsamh ardaidhmeannach. Tamall caite aige ina ollamh san Institiúid Fealsúnachta. Garsún in éide fir é Bun. An chuma air gur baineadh geit leictreach as ina óige agus nár tháinig sé as ó shin. Cuid den *táboy*, an té nár fhoghlaim conas *no* a rá go croíúil riamh, ag baint leis.

'Conas tá inniu?' a d'fhiafraigh Bun, agus an ceathrú spúnóg siúcra á chur aige ina thae.

'Thar barr,' arsa Barr. Bhí sé ag déanamh Carghas ar shiúcra.

'Níl tú go maith mar sin, a dhuine bhoicht.'

'Tusa?'

'Aerach. Tá fonn buile ghoile orm tabhairt faoi arís, an traein a fháil go Gaillimh i mbun eachtraíochta.'

'Caoga dó agus goile is ea ar fad fós tú. Ná ligfeá do chúpla braon sileadh anuas ón gceann chugat agus ciall a bheith agat? Aerachas ar fad is ea an saol éaganta,' arsa Barr go míthrócaireach. 'Ar chuimhnís riamh ar ghrástúlacht na copaile, an lúb san 's' ar chuma rinceoir *ballet* agus an páirtnéir, Nureyev i Swan Lake san 'I'?'

'Níl ansan ach *prima donnachas.*'

'Á, dhe, níl aon ghramadúlacht fágtha gur féidir taitneamh a thabhairt dó ach amháin sna tráchtaisí. Ach gramadúlacht eile é sin, a bheith á ceal, leis.'

Leath bús eile uaidh. Lean sé air.

'Bhíos suite sa leithreas ar an traein le déanaí ag scagadh na bhfógraí. 'Brúigh le dúiseacht.' Cad a bhrúnn tú agus cad a dhúisíonn? Dhearmadas mo chúram bunúsach. Chnag fear na dticéad ar deireadh agus chaitheas éirí as.'

'Tá tú ag imeacht de na ráillí ar fad led chuid rámhaillí,' arsa Bun.

'Ní féidir imeacht de na ráillí muna dtosnaíonn tú ó bhonn na feirge − Naomh Pól −,' arsa Barr.

'Nach buile i gculaith eile naofacht?' arsa Bun á fhreagairt go pras.

Ní dúirt Barr faic. Ceisteanna bunúsacha, dar leis, seachas buncheisteanna a bhíonn ag cur tinnis ar Bharr. 'An ionann punann choirce agus bun an choirce ar deireadh thiar thall?' Bhí córas oibrithe amach ag Barr chun toirt phunann fhoirfe coirce agus a comhchoibhneas leis an mbun a thomhas go matamaiticiúil, le triantánacht, agus thugadh sé uaireanta díomhaoine an chloig ag scríobh le biró ar naipcíní boird agus á stolladh sa chaife. Ba chuma leis an mbainistíocht ach gan an áit a réabadh.

Drugóirí agus gach aon sórt istigh ann ag caitheamh an lae, go háirithe laethanta fliucha nó fuara. Bhí naipcíní gan faic.

'Is cuma gach aon ní ach droch-phunann,' arsa Bun ag séideadh an chúráin dá mhuga caife.

Bhí Barr den tuairim go raibh an iomarca ama caite aige i measc daoine agus go raibh a chuid fealsúnachta millte ag an daonnacht. Deireadh Bun, gan é a áiteamh air, go raibh a chuid fealsúnachta daonaithe dá dtuigfeadh sé i gceart é. Níor thuig.

'Cad a dhearbhaíonn gur duine duine?'

'Trócaire an ghrinn,' arsa Bun.

'Níl aon ghreann sa trócaire,' arsa Barr.

'Ach tá trócaire sa ghreann,' arsa Bun. 'Cad is bun le bunús?'

'Dúirt Wittgenstein agus é i mBaile Átha Cliath lá...'

Thosaigh Bun ag méanfach. Nuair a bhí deireadh déanta ag Barr le Wittgenstein dhúisigh Bun agus d'inis scéal.

'Bhíos ag siúl romham lá cois farraige ag cnagadh liathróid phlaisteach as an bhFun Factory le cnap láimhe mo bhata siúil.

Bhí bean agus dhá mhadra aici i mo choinne, ceann anamúil agus ceann ramhar leisciúil. Coileán anamúil is dócha agus an ceann ramhar imithe san aois. Saothar ar an gceann ramhar ag iarraidh coimeád suas leo. Ghlac trua mé don gceann ramhar. D'aithnigh an bhean báúlacht na súl agus chuireamar caint ar a chéile. Sa chaint dúinn dúirt an bhean go raibh sí féin ag iarraidh meáchan a chailliúint, gurbh in é a thug amach í. Bhí gach aon mhilleán aici ar an madra ramhar áfach. Dúrtsa léi go múinfeadh an ceann ramhar ceacht fós don gceann óg, agus go gcaithfeadh sí cuimhneamh ar dhílseacht an tseanghadhair nuair nach raibh trácht riamh ar an gceann óg. An cheist ná, cad ab ea na gadhair?'

'Mian agus Ainmhian,' arsa Barr.

'*Collies*,' arsa Bun.

Phléigh siad bunrudaí eile an tsaoil, pancóga – iad a dhéanamh ó thús deireadh, agus réamhtheocht an fhriochtáin, dar le Bun a bhain le hábhar. Na súilíní aeir orthu de bharr dianshuaitheadh na corraíle, dar le Barr.

Faoi dheireadh tháinig na burgair. Cailín Spáinneach ag freastal orthu.

'Conas tá do cheannsa?' a d'fhiafraigh Bun.

'Thar barr', arsa Barr.

'Níl bun ná barr lem cheannsa,' arsa Bun.

# Bord Oibre

*You'd kill a pig on it,* a dúirt an siúinéir liom agus é ag tagairt don mbord cisteanach. Chonac an bord le linn dó bheith á dhéanamh aige. Na cosa in airde san aer ar chuma na muice.

Is é an bord deireanach óna bhinse ceirde é. Bhris sé a chromán agus níl aon bhord déanta ó shin aige. Dhein sé binse cisteanach, fuarma, ina theannta a luíonn ón taobh istigh le hais an fhalla. Bord agus fuarma.

Bhí cistin áirithe tuaithe ina cheann nuair a dhein sé an bord, a fhágann gur ceithre troithe ocht n-orlach ar a fhaid é. An fhaid idir an doras agus an fhuinneog a scaoil solas an lae isteach air sa tigh tuaithe. Mórán de na boird lámhdhéanta cisteanach, ní thaistealaíonn siad ó áit go háit. Tá bóthar déanta ó shin ag an gceann seo. Ball troscáin tuaithe ar buanchoimeád anois sa bhruachbhaile. I gcoinne falla eile.

Dheineadh an ceardaí na boird chisteanach d'fheirmeoirí cois Abhann Móire tráth den saol. É tagtha amach ina shiúinéir nua-cháilithe tar éis seacht mbliana printíseachta i gcaitheamh an Dara Cogadh Domhanda, agus a dhintiúirí chomh geal leis an bhfaobhar ar a thoireasc.

Tá fonn oibre air. Cuid den díocas sin fanta fós ann, sna súile bíogúla ceirde. Lena shúile a phléadh sé a chuid oibre riamh.

Níor mhór caint na súl a fhoghlaim chun iad a léamh. Gramadach agus comhréir na dtoisí, adhmad na bhfocal. Bíonn réim chainte dá leithéid ag lucht farraige agus ag saoir, leis.

Thrialladh an ceardaí ar na feirmeoirí agus ní fhágadh an tigh go mbíodh an bord ina sheasamh sa chistin, de réir a toisí. Siúinéireacht seachas caibinéadacht a bhíodh idir lámha aige. Níor mhar a chéile aon dá thigh. Níor mhar a chéile aon dá bhord. Níor mhór a bheith sároilte, síorfhoighneach leis na héilimh.

Na feirmeoirí Protastúnacha cois Abhann Móire ab fhearr a chuireadh cóiríocht ar cheardaí. D'ithidís an béile céanna ina theannta ag an mbord mahagaine nár bhord cisteanach é. D'íocaidís in am é. Cuid de na feirmeoirí Caitliceacha, dhíbrídís na ceardaithe go dtí bord na sclábhaithe feirme sa chúlchistin. Chuiridís an íocaíocht ar an méar fhada. Bhíodh fios a áite ag an gceardaí. Draoithe iad na máistircheardaithe.

Obair gharbh tí idir béilí a dheintí ar an mbord cisteanach. Chaithfí é sciúradh le huisce fiuchta agus bruis gharbh dá mbeadh rianta fola imithe san adhmad. Bord búistéireachta agus bord cisteanach in éineacht. Bord Aifrinn aimsir na stéiseans. Bord seanchais. Bord tí. Nuair a bhíodh uachtar an bhoird caite ag an sciúradh garbh, d'iompaítí an béal faoi in airde.

D'fhuascail *formica* na mná go háirithe ón sciúradh. Chaitheadh an ceardaí filleadh ar a chuid bord cisteanach agus barr *formica* a chur anuas orthu. Earra neamhghéilliúil an *formica* taobh le hadhmad, ach ba leor éadach chun é a choimeád glan. Chaith sé gur ghoill sé ar cheardaí a bhí chomh goilliúnach leis, chomh tugtha don earra foirfe, a bheith ag milleadh a chuid oibre le *formica*.

Bord cisteanach adhmaid den seandéanamh mo bhord oibre féin anois. Ní iompraíonn sé aon mhuc bheo. Bíonn cráin agus a hál banbhaí ar diúl thíos faoi de shíor. Éalaíonn banbhaí amach. Preabann siad ó shine go sine. Gnúsachtach agus scréachaíl acu, ní haon mhaith cic a tharraingt orthu. Aon ní ach ligint don chráin na cosa a chogaint. Fós is féidir an béal faoi a chasadh in airde. Tar éis a mbeidh de sciúradh déanta fós air.

Nuair a chuala go raibh a chromán briste ag an gceardaí láimhsíos an maolalt moirtíse go neamhairdeallach i gceann de chosa an bhoird. Bhraitheas go raibh oiread na fríde de chnagadh ón gcois i gcoinne an urláir. Dá ndéarfainn leis an siúinéir é, déarfadh sé go borb nach raibh faic ar an gcois, gurb é an t-urlár a bhí guagach.

Bhí dul amú orm féin, gan amhras. M'urlár-sa nach raibh ar leibhéal foirfe faoi deara an cnagadh. Tá m'urlár ar leibhéal foirfe anois faoin gcois agus níl aon chnagadh ón mbord ach a mbíonn de chnagadh ón méarchlár air. Ní chnagann foirfeacht sa doircheacht ach oiread.

Gné de m'oidhreacht neamhfhoirfe an bord, ceithrechosach dhátheangach. *Southern Pine* atá ann. Pé *Southern* é, scuabann sé mo cheann glan chun siúil ó dheas, ó dheas sna snáitheanna fíorchuilithíneacha agus fíorlasracha. Uaireanta braithim an ceardaí ag mo ghualainn chlé, faoina hata ceirde, ag glinniúint ar an obair a bhíonn idir lámha agam, á rá: *You could be doing something useful*. Gabhann na focail tríom mar a ghabhann an snáithe tríd an adhmad. Cuid dhílis den adhmad an snáithe, insint ar a chuid fáis, ar a bhundéantús, an té a bheadh ábalta ar é a léamh. Ní féidir an t-adhmad agus an snáithe a scarúint óna chéile. Ach is féidir díthshláinte a dhealú ón duine.

Rinceann an snáithe fíorchuilithíneach. Dearg, fíordhorcha atá an snáithe fíorlasrach sa bhord. Doircheacht na fola ón gcroí. Doircheacht na fola a sceitheann muca. Rianta leata fola a fhágann muca sáite ina ndiaidh, muca atá beathaithe agam féin anois agus a mharaím ar mo bhord riamh ó chuala: 'You'd kill a pig on it.'

# Urlár Cláir

Tagraím aon cheist a bhíonn agam i dtaobh adhmaid do *Adhmadóireacht Bhunúsach* le Donnchadh Ó Luasaigh (An Gúm), téacsleabhar clasaiceach ar gach slí. Bunleabhar i nGaeilge é atá oiriúnaithe agus stálaithe i muileann na teanga féin. Tá sé oiriúnach do cheardaithe, do mhúinteoirí, d'fhir agus do mhná gairme agus do 'ghliocsálaithe.' Gliocsálaí é an té a bhíonn ag plé le DIY.

'Is namhaid an cheird gan í a fhoghlaim,' a deir an Luasach, a bhfuil siúráil shocair agus stíl chumasach shochma an mháistircheardaí aige ó thosach deireadh an leabhair. Labhrann a chuid insí leat, a chuid alt bunúsach, idir fhocail agus adhmad: 'alt moirtíse agus tionúir stoptha le ding eireabaill sionnaigh.' Cuireann sé anam in uirlisí ceirde trí ainmneacha a chur ar gach páirt díobh.

Is geall le duine daonna é an 'casúr ladhrach' a bhfuil baill bheatha dá chuid féin aige: cos, muineál, aghaidh, baic, leiceann agus ladhar gan trácht ar an gcos a bheith dingthe sa chró. Tráchtann sé ar 'phrionsabal na dinge' mar a thráchtann Soiscéal Eoin ar Eoin Baiste. Is aoibhinn liom é a léamh fiú mura n-ardaím casúr ladhrach ó cheann ceann na seachtaine. Ní léamh an focal baileach air. Cuireann sé ag siúinéireacht le mo shúile mé.

Réiteach teanga ar cheisteanna adhmaid a bhíonn ag cur tinnis ormsa. Conas cur síos de réir mo thuisceana a dhéanamh ar an urlár cláir atá leagtha os mo chomhair sa chistin. Tá na cláir faobhar ar fhaobhar le chéile, sé sin gan aon teanga agus eitre, ach iad tairneáilte go rúnda. Bím ag iarraidh na snáitheanna san adhmad a dhéanamh amach, iad a shamhlú leis na crainn darach dar díobh iad. Ceardaí ó Dhairbhre a leag síos iad. Rianta tonnta ar ghainimh rocach a mheabhraigh cuid de na snáitheanna dom. 'Snáithe corrach' nó *wavy grain* a thugann an Luasach ar an saghas sin snáithe.

Ach ar fhéachaint san fhoclóir ar 'corrach' is mó a chuireann sé aimhréidh, míshocair, míshuaimhneas in iúl : 'intinn chorrach' – *troubled mind*. Dob fhéidir carachtar a chruthú a shamhlódh snáitheanna corracha lena shuaitheadh féin, ach cé a thuigfeadh an diminsean teanga sin?

Patrún eile snáithe atá sna cláir ná 'snáithe geal' ina bhfuil na gathanna meideallacha – *medullary rays* - soiléir. Is iadsan a bhíonn i bhfoirm chiorcail ón taobh amuigh den chrann timpeall ar na fáinní bliantúla fáis.

Deinim amach gur oiriúnaíodh an spreota darach i Québec trí ghearradh gathach i.e. 'modh oiriúnaithe ina ngearrtar na cláir i dtreo is go mbíonn a leithead comhthreomhar leis na gathanna meideallacha.'

An bhfuilim den tuairim sin mar go ndeir an Luasach go mbíonn cláir urláir gearrtha mar seo go minic, agus gur oibríos siar i m'aigne á chruthú, nó an bhfuil sé déanta amach agam ón bhfianaise?

Tá 'fíor lasrach' agus 'fíor chuilithíneach' − dhá shaghas eile snáithe − sna cláir, siad sin *flame figure* agus *fiddleback figure*. Gearradh tadhlaíoch − 'ina mbíonn leithead na gclár tadhlaíoch leis na fáinní bliantúla' is mó a thaispeánann fíor lasrach. B'fhéidir, mar sin, gur gearradh an t-adhmad ar an dá shlí, tadhlaíoch agus gathach. Cuma cé acu, anois.

Tá de bhua ag *Adhmadóireacht Bhunúsach* ar leabhair eile Ghaeilge go múineann sé do dhuine díograiseach conas doras a chrochadh, ailt a ghearradh, faobhar a chur ar shiséil agus ar uirlisí eile, toisí a thógaint. Tar éis iomlán chanóin liteartha na Gaeilge a léamh − 'glas caoch' ar ndóigh − ní bheadh ar chumas duine buninse a chur ar dhoras.

Leathanach amháin a thógann sé ar an Luasach, a deir: 'Tá sé níos deacra buninsí a chur ar dhoirse ná insí eile mar go ndéantar iad a neadú san adhmad. Tá sé tábhachtach an t-inse a bheith san áit cheart, mar mura mbíonn beidh an-strus air agus ní osclóidh an doras mar is cóir.'

Seachas m'urlár cláir inniu, faobhar a chur ar thoireasc nó ar shábh, agus slí a bheith ann, a thugann arís agus arís eile go dtí *Adhmadóireacht Bhunúsach* mé. Faoi mar a deir an Luasach:

'Chomh maith le faobhar maith a bheith ar shábh ní mór slí a bheith ann.' Ciallaíonn sé sin gur gá 'go ndéanfadh na fiacla gearradh níos leithne ná tiús na lainne, i gcás nach sáifí an lann sa ghearradh.' Chuige sin 'lúbtar gach re fiacail amach beagán sa treo céanna, agus lúbtar na fiacla eile sa treo eile.'

An uirlis a úsáidtear chuige seo ná 'slíre.' 'Cuirtear a srón os cionn fiacaile agus nuair a fháisctear na cosa i dtreo a chéile brúnn giall beag i gcoinne na fiacaile agus lúbann sé í méid áirithe.'

Díreach ar chuma an scríbhneora, ag bolathaíl, ag lúbadh, ag fáisceadh focail chun slí aonteangach a fháil ina dhraid dhátheangach.

# Litir ó Haifa

Dídeannach Giúdach ilteangach beo bocht ba ea Dáibhí Eipistín a tháinig i dtír ar chósta theas na hÉireann i 1890. Bhí sé ar dhuine de na luath-athbheochanóirí a bhí gníomhach i gcathair Chorcaí. Chuaigh sé ar imirce arís sa bhliain 1902 agus lonnaigh sé i gceann de na gabháltais sa Phalaistín i 1904-1905.

Toghadh é ina bhall de Chumann na dTáilliúirí i 1895, le tacaíocht ó Thadhg Ó Murchú 'Seandún.' Bhí rath ar a ghnó 'bespoke' táilliúireachta i French Church Street, taobh le clólann ansiúd. Deir cara liom gur léir go bhfuil tagairtí iomadúla ag Seandún agus ag Donnchadh Pléimionn dó ina gcuid scríbhinní más tagairtí ceilte féin iad.

Dealraíonn sé anois gurbh é an tEipistíneach ba mhó a d'áitigh ar an mbeirt gur chóir go n-aistreofaí saothair liteartha ó theangacha eile go Gaeilge. Is é a mhisnigh Seandún chun coimeád le *Eachtra Robinson Crúsó* a bhí léite cheana féin aige i Rúisis agus a bhí á aistriú go Giúdais. Thug sé misneach don Phléimionnach i mbun a aistriúcháin féin den scéal Gréagach *Eachtra na nArgonátach*.

Thairg sé 'Leitriú Shímplí' a mhúineadh do Sheandún, ach níor ghlac táilliúir Ghleann Láine leis an tairiscint. Bhí sé chomh tugtha dá shnáithíní agus dá ghreamanna is a bhí sé don ársaíocht Ghaelach, agus thugadh sé uaireanta fada an chloig ag áiteamh ar an Eipistíneach gur 'dhlúthchuid de dhúchas na nGael é an cló Gaelach.' Ní raibh Eabhrais ag an Eipistíneach fós an uair sin, agus tuigtear anois go raibh anáil mhór ag an athbheochan Ghaelach air níos déanaí nuair a shocraigh sé cur faoi sa Phailistín agus Eabhrais a fhoghlaim.

An Pléimionnach a scríobhadh amach a chuid colún do Sheandún don *Cork Weekly Examiner*. 'Ath-athair' ag an bPléimionnach ba ea Seandún a bhí trí bliana is fiche níos sine ná é. Féach *Beathaisnéis a hAon* le Breathnach agus Ní Mhurchú do nótaí beathaisnéise ar an mbeirt acu.

De réir mar a tháinig rath ar a ghnó táilliúireachta is ea a bhraith an tEipistíneach nár ghá dó a dhúchas Giúdach a cheilt. Ba é an misneach sin faoi deara dhó, gan dabht, an 'Ó' a ruaigeadh as a ainm, agus Dáibhí Eipistín a thabhairt air féin. Ina theannta sin, ghlac sé David Epstein go fonnmhar chuige agus bhí fógraí dátheangacha aige sna nuachtáin áitiúla. D'fhág an chorraíl náisiúnach a rian air féin, leis, agus thug sé a chúl de réir a chéile leis na tuiscintí go mba ghá dó a bheith ina Ghael mar chách.

Theastaigh uaidh socrú síos agus clann a bheith aige, ach ní raibh aon Ghiúdach mná oiriúnach sa chathair dó. Ghlac sé páirt i gcumainn drámaíochta, Béarla agus Gaeilge, agus tá tagairt dó i léiriú amaitéarach de *Faust* faoina shloinne : 'Mr Epstein, the respected French Church Street tailor,' in 1899. An bhliain dár gcionn a cailleadh an Pléimionnach go hóg. Bhí Seandún croíbhriste tar éis bháis a dhlúthcharad, ar gheall le mac dó é.

I gcaitheamh an ama bhí litreacha siar is aniar ó Mheiriceá ag an Eipistíneach agus tuairisc a mhuintire á lorg aige. Ghlac sé páirt táilliúra i léiriú den dráma *An Sprid* i 1902 – tá sé ráite gurb é an tEipistíneach an fear atá ina shuí chun tosaigh faoi hata agus muisteas thiubh i bpictiúr d'fhoireann an dráma. Pé eachtra a tharla i gcaitheamh an léirithe sin ar camchuairt i gCairbre i 1902, is geall le falla balbh scéal an Eipistínigh i gcathair Chorcaí ina dhiaidh sin. Tharlódh gur bhain sé le cúrsaí ban. Bhí sé mór le bean ar fhoireann an dráma, agus chaith bean eile ó fhoireann chúl an stáitse a páirt a ghlacadh go tobann i nDún Mánmhaí nuair a seoladh abhaile go cathair Chorcaí í. Tá sé ráite gur saolaíodh mac don mbean sin i bhFómhar na bliana 1902, ach ní féidir aon deimhniú a dhéanamh air sin. Mar sin féin, bheadh sé spéisiúil a cheapadh go bhfuil sliocht an Eipistínigh fós ag scaipeadh síl i gcomharsanacht Chorcaí féin nó go deimhin níos faide ó bhaile.

Ní raibh tásc ná tuairisc ar an Eipistíneach ó shin go dtí gur tháinig an 'Litir ó Haifa' chun solais i siopa troscáin agus caibinéadachta i gcathair Chorcaí le déanaí. Díoltóir seantroscán, seanchara scoile dhom a bhí ag socrú cos ar bhord a d'aimsigh an litir. Bhí sí fáiscthe isteach i bpoll chun tionúr na coise a choimeád socair. Le seanbhean a raibh gaol sínte aici le deirfiúr do Sheandún ba ea an bord, agus ar ámharaí an tsaoil níor chorraigh an bord as an seantigh Victeoiriánach leis na glúnta. Bhí clúdach fós ag cosaint na litreach agus í fillte go néata istigh ann. I 1904 a chuir Dáibhí Eipistín an litir sa phost ó chalafort Haifa, dáta 11.7.1904 léi.

Chuig Seandún a sheol sé an litir (faoina chló simplithe, an-mhírialta féin) agus seo cuid di:

'A Heandooin a heanaxara, is fada an law ow xueenees ar screev xoot. Neer lig umad na neaxtroee agus na luingsheowla (i.e na n-eachtraí agus na loingseola) a voin dom o hoin peawn a xur i noox (i.e. peann a chur i ndúch), gan trawxt ar leitir do scree. Conas taw Croosow? Fows gan scree? Ios minik a xueeneem ort haine agus ar vueenter Xorcoee. An Plawmanax Boxt Crawite. Thawnag i dteer coopla law ow hoin i Haifa, ain eretz Yisrael, ar an Meawnvoir Hoir.

Taw manam go hoile sa talav naowfa sho. Taw na slowite Gioodax ag teaxt ansho gax law own Rooish, own mBolgawir agus own bPowling agus taw beartaihe againg saowl no a vunoo. Tawmeed ag dol amarireax go dee gavawltas in aiki le Tiberias ar Voir Ghalilee. Neeor airigh lium teaxt ar mo highlox faine ach taw ban xayle anoish agum agus sing ag sooil lesh an darna leanav.

Taw shay suckruihe aguing an Eavrish a lavairt mar heangain teere, mo hlawn xon Teer na Hayrann, Shalom, ow du heanaxara Dawivee Eipishteen.'

Sin é an focal déanach ón Eipistíneach, go dtí seo ar aon nós.

# Eachtraí Slim

Tá rud éigin ag baint le Slim. Mura b'iad na súile neafaiseacha róin iad, is é sin neafaiseach mar is dóigh leat, ag stánadh amach as pánaí méadaithe a spéaclaí é agus go gcaitheann sé a cheann a ardú siar ábhairín san aer chun tú a aimsiú ina raon, nó an mhuisteais riabhach piobar-agus-salann faoi bhun a chaincín, nó na bearnaí sna fiacla á nochtadh go mothaolach aige, gáire ag leathadh go fonnmhar ar a dhraid agus é i mbun ceann dá chuid eachtraí saolta.

Is mó é Slim ná suim a chuid páirteanna, faoi mar is mó an duine ná a dhaonnacht, déarfadh cuid againn go bhfuil splanc dhiaga ann, cé gurb iad na fréamhacha talmhaí is mó is spéis anois linn seachas aon bhrainse ag síneadh go dtí na harda. Bhí tráth ann go ndíolfadh Slim a mháthair, nó ba é ba chóra a rá, go ndíolfadh sé a mháthair lena máthair. Bheadh a fhios aici ar a laghad, gur buaileadh bob uirthi.

Tá Slim tirim. Sóbráilte, fiú, agus é ag gráinseáil an *spring roll* i mbialann na Síneach, *The Rising Moon*. An-mheas go deo aige ar na Sínigh, a oibríonn go dícheallach agus a sheolann pá seachtaine sa choicíos soir abhaile.

'Seachtain dom féin chun maireachtaint anseo agus seachtain don mbaile chun maireachtaint ansiúd.'

Díreach ar ár gcuma féin, tráth dá raibh. Bíonn a fhios ag Slim na rudaí atá chun teacht as do bhéal, ach iad a theacht ón gcroí, sula mbíonn siad ráite agat, ach ní haon trasnálaí é.

'Do chuid focal féin a ligeann duit do leagan féin den scéal a eachtraí,' a deir sé. 'Níl ag éinne againn ach ár mbranda féin, ar deireadh.'

Dea-labharthacht an té gur phlánáil garbhshíon an tsaoil na huillinneacha maola de seachas an té a oileadh i gcoláiste. Éistíonn sé leat. Toisc go dtugann sé aird ar a chuid tiúnála féin, é á cur faoi bhráid laethúil pé tiúnadóir atá aige, tugann sé a aird iomlán ortsa. Tá fios a bhéas aige.

Ní fhéachfá an dara huair air dá siúlfadh sé tharat i bpríomhshráid. É ina fhear-mar-chách agus an tráth meánaosta ina shaol scoite aige. É ar a shuaimhneas ina chabhail féin. Síneann sé go dtí iomlán a mheánairde féin, gan aon chomhartha ceiste ag camadh a chual cnámh. Pé spleáchas atá ann, fágann sé an-neamhspleách é ina mheon. Duine de chabhansailéirí an tsaoil é, beag beann ar bhéarlagair.

'Ó Conaill fadó, an Cabhansailéir, athair cine ab ea é. Cine gan athair ab ea sinn an tráth úd,' a deirimse.

'B'fhéidir é.'

Níl aon scóip mhór tuairimíochta den saghas sin ann, ach é ar ancaire in ábhair nithiúla an tsaoil. Is mór agamsa é sin, mar táimse ar a mhalairt de shlí.

'Níl aon suaitheadh saoil dá dtagann ná go gcaitheann sé deis ar barra taoide,' a deir sé.

'Faoi mar a bhí muintir an Bhlascaoid lena gcuid tráthadóireacht raice.'

Aird na súl amháin a thugann sé an turas seo orm.

'Aimsir chraos an pheitril sna Seachtóidí, agus gátar orainn, tuigeadh do gach éinne nár mhór a bheith tíosach timpeall ar chúrsaí fuinnimh. B'in í an tuiscint. Gach éinne ag caint ar an teas sna críocha fuara seo thuaidh. D'éirigh liom féin teacht ar lasta *lagging jackets*. Tuigeadh do gach éinne go raibh fuinneamh ag imeacht le fán an tsaoil amach as na sorcóirí copair sa chófra te. Ní raibh aon trácht ag an ESB féin ar na seaicéidí céanna. Líonas an carr leo. Thugas faoin mbóthar, i gcorp an gheimhridh, síos isteach i Loch Garman. Áit shéideánach is ea an tInbhear Mór, é oscailte faoin síon. Eastát amháin a roghnú, bhí a raibh de *lagging jackets* i mbút an chairr díolta agam sular stopas don lón. Leanas orm, go raibh an soláthar ídithe. Tháinig an tESB isteach air ina dhiaidh sin, agus chaitheas m'aird a dhíriú ar dheis éigin eile ansin. Tá dlí éigin san eacnamaíocht a bhaineann le buanearraí aonuaire, ach le bheith macánta leat, ní oibrím de réir dlíthe ach de réir pé rud a deireann mo *ghut* liom.'

Muran *lagging jackets* é is painéil réamhdhéanta tógála é, gloiniú dúbailte, páirteanna mótar, spréachphlocóidí, giarbhoscaí, crágáin, nó boscaí lán d'iasc fiú.

'Boscaí lán d'iasc a cheannach ar mhargadh na Gaillimhe agus iad a dhíol an mhaidin chéanna ó dhoras go doras, áit intíre i Maigh Eo. Bealach a' Doirín nó Béal Átha hAmhnais.'

'Agus cad iad na hearraí go mbeadh ceannach inniu orthu?'

'Aon ní a bhaineann leis an timpeallacht, le héiceolaíocht, an focal glas nó orgánach brandáilte ar bhia, earraí sláinte cumhartheiripe, saoráidí aclaíochta pearsanta, agus spioradáltacht fhaiseanta. Tar éis na *lagging jackets* thugas faoi deara go raibh an-oscailt ann do choinnle, agus d'éirigh liom lasta a fháil isteach ó chaptaen loinge a bhí ag seoladh ón tSeapáin le bád lán de mhótair Nissan. Ceann de na deacrachtaí is mó atá inniu ann ó dhoras go doras, nach mbíonn puinn daoine istigh. Daoine ar a bpinsean luath, seandaoine agus mná le leanaí óga. Is margaí áirithe iad sin. Bíonn ort caidreamh a chothú leis na díoltóirí áitiúla.'

'Agus cad é a bhíonn á dhíol agat anois?'

'An rud céanna a bhí á dhíol riamh agam le greann – dallamullóg i riocht an riachtanais.'

Pé áit a fuair sé an seoladh, b'eo beo ag an doras Slim. A rá is gur aithníos é, ba bhréag. Is amhlaidh a bhí sé, pioctha. Muisteais air nár tharraing aird air féin. Na súile bíogtha, na súile gan aon cheilt. Culaith éadrom earraigh a chuir cuma air nach raibh aon bhreis feola ar na cnámha. Chuimhníos ar na gloiní ar ghob mo chaincín.

'Ag léamh a bhíos,' a dúrt, á mbaint díom agus á gcur sa *fleece*.

'Chnagas cheana ach ní raibh aon duine istigh,' ar sé. 'Aithníonn tú mé?'

'Ní aithním.'

'Slim.'

''Chríost, ní hea.'

'Slim,' á dhearbhú go haonfhoclach le meangadh.

Bhaineas an mothall-go-guala a bhí, lomas an fhéasóg ón ngiall i bhfaiteadh na súl. An bhearbóireacht spáis sin a dheinimid. Athoiriunú. Ar chúl mo chinn féin, agus os cionn na gcluas a bhraitheas an t-aershruth ag síobadh tar éis na bearbóireachta.

'Tar isteach a dhiabhail, a sheanchara,' a dúrt, ag breith ar lámh air agus á ardú, nach mór, isteach thar tairseach. Tríocha bliain.

Bhí beirthe agam ar thríocha bliain de shaol gan insint. Chuamar sa chistin agus chuireas an citeal síos. Eisean ina shuí ag an gcuntar. Chuardaíos na seanchuimhní sa chófra agus d'aimsíos an próca caife.

'Caife i gcónaí?'

'Caife.'

'Meilte mín?'

'Meilte mín réidh.'

'Cad d'imigh ort ó shin?'

'Chaitheas an saol.'

'Failltreacha an Mhothair! D'eitlís go hÁrainn léi ó bhruach na faille. Chonac V an VW fastback ag leathadh amach ina sciatháin W, í féin ar an stiúir, ag éirí san aer. Scamall sceite dúghorm leis an saothar ón *exhaust*. An-tiomanaí.'

'Ana-phíolóta mar a tharla. Thugamar tamall sna hoileáin i gcomhluadar na bpípeanna, ag seanchaíocht, ag bualadh leathair tar éis snámha, ag caitheamh siar.'

'D'eitlíomar go Meiriceá sa VW.'

'Plean an V agus an W arís?'

'Cad eile. Tabhairt faoin *blue horizon*. Siar. Bhraitheas mar a bheinn i mo *test-pilot* nó duine acu san sna *stealth bombers* ach gan aon chuid den trealamh teicneolaíochta dom bhac. Gan é ann san am úd. An dord steireafónach, agus James Taylor, b'in é ár ndóthain de theicneolaíocht.'

'Bhí an-mhisneach agat agus tabhairt faoi siar.'

'Eachtraíocht seachas misneach. D'éirigh cúrsaí beagán *messy* nuair a thuirlingíomar ar an taobh thall. Taobh an ghrá. Dhein leataobh an ghrá de. Bhí sí féin tógtha le cúrsaí ban. An-neamhspleách. Spleáchas ar fad ab ea mo ghrá-sa. Chaitheas imeacht. Siar arís. Faoin *blue horizon*. Tú féin?'

'D'fhilleas-sa abhaile ar an ordóg ó Inis Díomáin. D'fhéadfá brath ar an ordóg an uair úd. Gan aon phingin agam. Thugas faoi siar arís go Duibhneacha. Fuaireas an bóthar ón bPota. Balcaisí caite ag binn an tí aige faoin mbáisteach. Mac na Míonáire a thug sé orm, agus cad d'imigh ar do pháirtí Slim ar sé, gurbh fhada sinn gan teacht chun grean a leathadh ar an mbuaile agus greadadh liom ar cosa in airde.'

'An timpeall!,' ar sé, agus scairt gháire á dhéanamh aige. 'B'fhada an turas ón nDaingean é.'

Bhí an caife ag plobarnaíl i súil ghloine an *percolator*. An t-aer brothallach ar an mboladh. Bhí ina thost plobarnaíle, tamall, gan aon teannas eadrainn agus an caife ag taoscadh. Suaimhneas sa chistin. Bhraitheas go raibh suaimhneas éigin i Slim a thagann de thoradh deamhain a chloí agus a ruaigeadh. Suaimhneas éadromchúiseach ab ea é mar a bheadh a chorp iomlán ag ligint do sholas gabháil tríd. Priosma, ach é fós ann ina fhuil, ina fheoil, ina chruth daonna.

'Ar ghabhais tríd an muileann meilte?' a d'fhiafraíos.

'Chuas. Gliomadóireacht amach ó Chape Cod. Tamall ar an dian-ól, ag caitheamh, tamall ag saighdiúireacht, *commune* i gCalifornia, taisteal i Meiriceá Theas chomh fada le Tierra del Fuego, ar aghaidh go dtí an Mhuir Chiúin ó oileánra go chéile, tamall ag iascach *gurnet*, mo phasáiste ar *junk*anna Síneacha, gur bhaineas Okinawa amach. Táim le ceithre bliana déag im *samurai*.'

'Níl a chuma ort go bhfuil.'

'Ná bac na seaníomhánna den *samurai*. *Samurai* de chuid na haimsire seo, d'fhéadfadh sé gabháil tharat sa tsráid i gan fhios. Aithnímid a chéile áfach.'

'Chuais le Seapáinis?'

'Chaitheas a dhéanamh. Seacht mbliana faoi oiliúint samurai agus seacht mbliana eile ag foghlaim na máistríochta. Táim ar saoire faoi láthair.'

'Cad a thug id cheann teacht ag triall orm?'

'Theastaigh uaim a rá leat go bhfuil an bás trócaireach, go n-eitlíonn an t-anam as an gcorp ar chuma féileacáin. Tá sé feicthe agam.'

'An tú an té atá im chuid taibhrithe le déanaí, suite ag an mbinn faoi scáth na gréine?'

'Is mé, ní foláir.'

'Bhí sé déanta amach agam go rabhais imithe sna *Hell's Angels*, ón gcuma a bhí ort ag an mbinn.'

'Bhíos tamall iontusan leis.'

'Sara gcuais id *samurai*?'

'Sara gcuas im *samurai*.'

Bhí a fhios agam ón dá shúil ghlé ina cheann go raibh sé ag insint na fírinne. Go héadrom.